Rolf Friedrich Schuett

Nur Gutes ist groß, nur Großes ist schlecht

Grüne Natur und menschliches Naturell

Rolf Friedrich Schuett

Nur Gutes ist groß, nur Großes ist schlecht

Grüne Natur und menschliches Naturell

Bibliographische Information Der Deutschen Bibliothek:
Die Deutsche Bibliothek verzeichnet diese Publikation
in der Deutschen Nationalbibliographie; detaillierte
bibliographische Daten sind im Internet abrufbar über
http://dnb.ddb.de

Verlag: BoD • Books on Demand GmbH, In de Tarpen 42,
22848 Norderstedt

Druck: Libri Plureos GmbH, Friedensallee 273, 22763 Hamburg

Printed in Germany

ISBN 978-3-7693-1098-6

Für Elke
in Liebe und Dankbarkeit

Die Zielgruppe des Schützen sind seine Opfer

Gesetzt, ich wollte eine Zeitschrift ins Leben rufen, die es noch nicht gibt, die schmerzlich vermisst werden könnte von einer lukrativ umfangreichen "Zielgruppe" von prospektiven Abonnenten – sagen wir mal der immer zahlreicheren und langlebigeren Hochbetagten mit vielen Vorerkrankungen. Plus fachärztliche Dauerbeiträge und Psychofritzen. Testtitel :

Ur-Opa & Granny –
Zeitschrift für das Leben ab 80
(Ich selbst als altgierig naseweiser Senior-Editor?)

Zielführende Themen z.B.:
"Meine vielen Tabletten und ich".
"Warum besuchen uns unsere Urenkel nicht mehr?"
"Der Zahnersatz ist dir ins Klo gefallen : Was nun?"
"Pampern im Alter : Ein Tabuthema".
Oder : "Lustgreispotenz bei Inkontinenz".
Vielleicht noch etwas gewagter:
"Demenz als Chance!"

Wer liest so etwas? Zahlungskräftige Ur-Kundschaft mit fetten Pensionen? Ratloses Pflegepersonal in Proll-Altersheimen und "Seniorenresidenzen"? Die leidgeprüften jungen Angehörigen? Marktforscher ausgeschwärmt: Feldforschung, randomisierte Doppelblindstudien mit Tiefeninterviews, Gratis-Nullnummer, Testausgabe, das ganze Problemspektrum!

Geht solches Periodikum mit einer permanenten Beilage: *"Freund Hein − Ende ohne Schrecken"?* Schreckt so etwas eher ab, oder gibt es dafür einen ungedeckten Lesegeheimbedarf?

Zielgruppen. Konzentrieren wir uns bei dem unübersichtlichen Thema an dieser Stelle auf ein naheliegendes wie signifikantes Beispiel. Autoren haben ihre noch nicht sehr spezielle *Zielgruppe* in ihren potentiellen Käufern oder in Verlagslektoren und Kritikern (die ihr Schreiben nie aus den Augen verliert). Das etwas engere angepeilte „Marktsegment" eines Krimiautors besteht so vor allem aus habituellen Krimilesern, einer Stammklientel, die erfahrungsgemäß auf bestimmte Werbesignale mit Reiz-Reaktionsautomatismen so verlässlich einschnappt. Diese werden angesprochen an speziell dafür vorgesehenen Marktorten, wo sie voraussichtlich nach *ihrem* spezialisierten Lesefutter suchen könnten.

Leserzielgruppen sind also Begriffe der professionellen *Marktforschung* von kommerziellen Verlagshäusern, die ihren Absatz planen und ihre Autoren-Ressourcen verwalten müssen, um auch nur überleben zu können durch ständige inflationäre Qualitätsselbstunterbietung.

Als das Theaterstück „En attendant Godot" („Warten auf Godot"), nachdem es lange Zeit vergeblich eine geeignete Bühne gesucht hatte, dann schließlich 1953 in Paris beim frenetisch applaudierenden Premierenpublikum eine begeisterte Aufnahme fand, soll der Autor *Samuel Beckett* ehrlich bestürzt und entgeistert sich gefragt haben – und das ohne jede Koketterie : „Was habe ich falsch gemacht?!" Hatte seine Kunst sich etwa in der „Zielgruppe" geirrt?

Autoren, die gezielt für bestimmte marktsegmentierte Zielgruppen schreiben, haben sich freiwillig zu Schreibknechten („Negern") von Druckmedien und Plat(t)formen gemacht, also machen lassen. Sie haben sich damit als seriöse Schriftsteller definitiv selber aufgegeben und sind handwerklich oft sehr geschickte Lesestofflieferanten und Suchtmitteldealer geworden, die eingespielten kunstgewerblichen Routinebedarf decken, um höhere Auflagen und Honorarmargen zu erzielen, welche wiederum auch den Verlag animieren, immer mehr in ihre Dukaten-esel zu investieren. Da lohnen sich Pflichtlesereisen und opulente Messeauftritte der Werbe- und Gewer-bestars.

Wenn ein Autor aber schon unbedingt eine be-stimmte *Zielgruppe* im Auge haben möchte, um mehr daran zu verdienen und seinen Ruhm zu meh-ren, sollte er ja keine möglichst breite Zielgruppe seiner Marktattacken wählen, sondern eine denkbar kleine – je anspruchsvoller, desto überschaubarer. Auch ohne ausgefeilte Marketingstrategien weiß jeder vorwissenschaftlich intuitiv, dass die Ziel-gruppe eines publizistischen Kassenschlagers und „Bestsellers" ein breitgestreutes Massenpublikum ist und dass die Zielgruppe eines rezensionswürdigen Meisterwerks ein schmales Nischenpublikum von Connaisseuren und Liebhabern ist, die ja auch ver-sorgt sein wollen. Ein lukrativer Kunstgewerbe-kitsch findet Massenabnehmer, Produktion von ni-veauvoller Qualitätskunst ist entweder ein Hunger-beruf oder keine Kunst. Literatur ist brotlos oder nur Entertainerdroge.

An dieser Stelle mag einmal mehr mein Wort am Platze sein : ***Erfolgloses kann, Erfolgreiches muss Mist sein*** – auch und gerade in Kunst und Kultur.

Ein übersehener Autor könnte ein verkanntes Genie sein, ein *gutgehender* aber ist es mit nachtwandlerischer Sicherheit nicht, sondern eher ein ranschmeißerischer Kitschier, eine makulierwürdige Eintagsfliege, die für ein Jahrhundertmirakel ausposaunt wird von geschäftstüchtigen Promotoren, Investoren, *Influencers* und zahlungskräftig zahlreichen Abnehmerscharen.

Max Horkheimer warf dem Schriftsteller *Thomas Mann* einmal vor, für Geld zu schreiben, also den Geist zu verhökern statt zu verschwenden – als wohlhabender Ehemann einer reichen Gattin, der es eigentlich gar nicht nötig hatte. Aber der kritikallergische Mann (miss)brauchte seine hohen Einnahmen zu Prestigesymbolen; sie waren ihm eher Arzneien gegen Statusdepressionen und artistische Potenzzweifel als gegen Hunger und Sozialabstieg.

Ein unbestechlicher Autor ist kein käuflicher, sondern ein schwerverkäuflicher Autor, aber natürlich nicht jeder ungelesene Stümper ein böswillig unterdrücktes Naturtalent. Im Idealfall ist der Autor kraft Autorität seiner Texte nichts als ein geistiges Unikum, das ein erratisch unverständliches und enigmatisches Unikat in den Ring wirft und sich achtlos dann an seine nächste Arbeit macht, ohne auf Beifall zu rechnen oder auf Zieltruppen samt Fan-Kommentaren zu schielen.

Man sollte entweder intransigent gegen seine Zeit schreiben oder seine Feder wegwerfen und etwas einträglich Nützlicheres tun. Das und nur das ist die einzig mit intaktkünstlerischem Gewissen noch halbwegs vereinbare intellektuelle Haltung der Kunst und Kultur heute gegenüber. Alles andere ist widerwärtiger Schmu(s) oder bloßer Bierausschank. Wozu die gesamte heutige „Popkultur" zählt, dürfte danach keiner gesonderten Untersuchung mehr bedürfen. Rare Autoren wie *Reinhard Jirgl, Jürgen von der Wense, Martin Kessel* oder *Henryk Elzenberg* z.B. bleiben hingegen wohltuend im Schatten des freien Marktes und etablierten Kulturbetriebs. Authentische Autoren, die diesen Namen noch verdienen, sind heute vielleicht Selbstverleger, die ihre Werke möglichst so gut wie gratis anbieten. Sie leben *für* ihre Kunst und nicht *von* ihr, im Gegensatz zu geilen und feilen Kunstgewerbetreibenden. Und sie schielen und schießen auf überhaupt keine Zielscheibengruppe, sondern schreiben für einen Einzelnen, der selber sucht, also für niemanden, mithin ins Blaue das Blaue vom Himmel herunter. Sie rennen keinem einzigen Leser und Lobredner hinterher, sie schmücken sich nicht wie Huren, die nach Freiern fischen. Sie bieten sich nicht feil, sondern verausgaben sich kostenlos und lassen sich finden in ihren Verstecken.

Die Werkzeuge und Online-Schaufenster für „Selfpublishing" stehen jedem geneigten Autor, der nicht von vornherein nur für die eigene Schublade arbeiten will, heutzutage preiswert oder kostenlos zur Verfügung. Die Zielgruppe von Popkultur ist eine Zielmasse und sollte dafür hoch blechen; die „Zielgruppe" für Hochkultur besteht nur aus isolierten Individuen, die beschenkt werden sollten. Aber keine Bange, selbst geschenkt wird Hochkunst nicht beachtet! Hochkultur ist unterhaltsamer als alles, was "nur unterhalten" will, und hat keine Zielgruppe, nicht einmal mehr ein bildungsbürgerliches. *Zielgruppen* sind heute mediale Zielscheiben für geistigen Blattschuss.

Jedermann zählt zur Zielgruppe der Gesellschaft, die seine Zielscheibe ist. Die Zielgruppe des ehrlichen Autors bestehe aus allen Lesern, gegen die es anzuschreiben gilt, denn der ehrliche Leser will gegen sich selbst lesen und sich zutiefst in Frage stellen lassen. Will sagen, der wahre Autor schreibt und liest permanent gegen sich selbst, also gegen alles, wozu der *Zeitgeist* der Gesellschaft ihn gemacht hat.

Spricht daraus wirklich nur das Ressentiment eines Erfolglosen, der aus der Not eine Tugend macht?

Bildungshunger und Wissensdurst vertreiben nicht Machthunger und Freiheitsdurst.

Kapitalisten brauchen ganze Ernten als neues Saatgut, *Sozialisten* verbrauchen jedes Saatgut gleich als Ernte.

Hungern im Hals ist andernfalls wie Lungern auf Balz mit Schmalz.

Vorbild ist schon, wer eins hat, egal welches

Albert Schweitzer, Mutter Teresa, Gandhi, Madonna, Maradona, Max Schmeling, Greta Garbo oder Thunberg, oder doch lieber Bach, Rembrandt, Aristoteles, Shakespeare und Einstein?

Von Albert *Einstein* habe ich *relativ* wenig. Im Alter von 15 Jahren war er mein Vorbild gewesen. Erreicht habe ich nur seine Abneigung gegen Friseure (und gegen absolute Relativierung von allem).

Mit 20 Jahren war Jean-Paul *Sartre* mein erkorenes Vorbild gewesen, doch er hat mich nur „verdammt zur Freiheit" von seiner Freiheitsphilosophie, und ich bin eher zu einem "Nichts" vor seinem "Sein" geworden. Zu seinem Lehrer *Heidegger* schwang ich mich nur soweit auf, dass ich "Feldwege" lieber gehe als "Holzwege" zum "Seyn des Seienden".

Mit 25 Jahren erhob ich den Sozialphilosophen Theodor W. *Adorno* zu meinem leuchtenden Vorbild und schrieb dann doch nur „Maxima Amor'alia", und es blieb zwischen uns der „kleine

Unterschied", den er zeitlebens verherrlicht hatte, ein Riesenabgrund.

Mit 30 Jahren stürzte ich mein Idol G. W. Fr. *Hegel* vom Heiligenpodest, da er mich den dialektisch "organiserten Widerspruchsgeist" auch gegens große Ganze gelehrt hatte, das er als Hort der Wahrheit verteidigte gegen alle unwahr verabsolutierten Teilwahrheiten.

Mit schon 40 Jahren inthronisierte ich den Pater-Brown-Erfinder Gilbert *Chesterton* und schrieb in seinem Windschatten erste schlechte Aphorismen. -- Mit 50 Jahren … und so weiter.

Irgendwann beschloss ich entnervt, mein eigenes Vorbild zu werden, erklärte mich zum Originalgenie und kopierte mich fortan ungeniert, da niemand sonst Lust zeigte, mir nachzueifern. Dann war der ehrgeizig Gelehrige eines Tages alle Weltbilder und falschen Vorbilder leid und versuchte es mit Hochkulturbildung jenseits der bloßen Ein- und Ausbildung und Herzensbildung. Das brachte den begriffsstutzigen Lehrling weg von allen bunten Glotzbildern der Einbildungskraft und erschloss ihm die abstrakten Begriffe der Urteilskraft. Das persönliche Vorbild einer Person wurde ersetzt durch Platons sachliches Urbild aller Dinge. Der Geselle wurde wie alles auf der Welt zum unvollkommenen Abklatsch von himmlischen Meisteridealen, ein mineres Ebenbild des Allerhöchsten. „Ihr sollt heilig sein, wie ich es bin." Das war nun noch unerreichbarer als mein früher Einstein und entmutigte vollends.

Immerhin kann das imperfekte Abbild eines perfekten Vorbilds zum glänzenden Vorbild noch schlechterer Kopien werden, und alles wiederholt sich dann auf niedrigerer Ebene. Erst dichteten meine Kinder mir Wunder an Vollkommenheit an, einige Jahre später dann schon Kainsmale an Verkommenheit, um mich los zu werden als gutes wie als schlechtes Beispiel. Der Sturz vom Anbetungswürdigen zum krass Verbesserungsbedürftigen war hart. Erst war ich übermächtiges Schicksal für sie, dann nur noch übermäßiges Scheusal. In jedem Abgott lauert ein Teufel in Menschengestalt und das nicht nur, weil er unerreichbar hoch und fern bleibt wie eine Fata Morgana, die vor dem Vorwärtsdrängenden ständig zurückweicht und zu fliehen scheint.

Am besten überwindet man einen erdrückenden Vorbildcharakter, indem man ihn übertrifft – oder kurzerhand entwertet. Wer nicht über mir ist und mir über, der ist unter mir, entweder weil mein Streben ihn hinter sich gelassen hat oder ihn von vornherein keiner Konkurrenzanstrengung für wert hält.

Leute, die Vorbilder brauchen, sind nicht meine Vorbilder. Am Ende erreichen sie nur, etwas oder jemanden anzuhimmeln statt zu erreichen und schließlich enttäuscht mit Füßen darauf herumzutrampeln, um ihr überschätztes "Selbstwertgefühl" zu retten. *In den Staub mit dem, vor dem man im Staub lag!?* Kann es ein leuchtendes Vorbild sein, alle leuchtenden Vorbilder zu stürzen und als Schreckgespenster triumphierend zu „entlarven"? Wer Vorbilder übertrifft und damit überwindet, wird vielleicht selber Vorbild für andere Bilderstürmer oder Maschinenstürmer.

Ein Vorbild einzuholen heißt, es zu überholen und sich zum Vorbild seines Vorbilds aufzuschwingen – wozu hat man eine Einbildungskraft und blühende Phantasie oder auch nur *Fantasy*? Das Image ist ein Produkt eigener oder fremder Imagination.

Statt ewig mit hängender Zunge hinter der am Kopf befestigten Mohrrübe stumpfsinnig herzurennen und fremde Karren aus dem Dreck zu ziehen oder vor die Wand zu fahren, kann der Esel dem Bauern einen Vogel zeigen und unverführbar störrisch stehen bleiben. Solche blitzschnellen Abwertungsorgien und magischen Umdeutungskünste vor angesonnenen Zielmarken sind bequemer, aber unrühmlicher als die Sisyphusarbeit, moralische, sportliche und kulturelle Höchstmesslatten zu berühren und sich im Glanz eines fast allgemeinen Beifalls zu sonnen. – Bin ich schon im Kopf, was ich noch nicht bin in der Tat, und bin ich noch, was ich schon nicht mehr bin, wenn ich ehrlich mich mühe : ein Stümper?

Erst (g)eifern wir – meist unbewusst – unseren Elternfiguren nach, teilen ihre Ziele und erstreben die Erfolge dieser Mustermodelle und ihr bestauntes Ansehen. Erst später suchen wir die Anerkennung unserer gleichaltrig gleichgeschlechtlichen *Peergroups* und deren Alphatiere mehr als das Lob und den „Glanz im Auge der Mutter" oder anderer *primärer Bezugspersonen,* um noch etwas später beides nicht mehr nötig zu haben und fehlerbehaftete Personen durch makellose Ideale zu ersetzen und noch später durch platonische *Ideen*, die objektiven Wesensbegriffe aller Dinge jenseits unser irrigen *Doxai*. Alfred North *Whitehead* nannte die abendländische Philosophie eine „Reihe von Fußnoten zu Platon". Gefühle brauchen griffig konkrete Vorbilder, aber Gedanken und Taten wie Untaten brauchen eher abstrakte Allgemeinbegriffe.

Doch vorbildliches Verhalten von Personen imponiert uns zeitlebens mehr als die persönlich unverkörperten Ideale, und *Promis*, Spitzensportler, Popsänger und Filmstars rangieren in der sozialen Ruhmskala weit vor singulären Gelehrten und Geistesgrößen, die eher als verstiegene Zerrbilder gelten, Vexierbilder statt Vorbilder.

Bloßes Nachmachen (von vorgemachtem Realisieren von Vorbildern) gewinnt selber Vorbildcharakter. Gute Kopie wird vorbildlich. Nachahmen sei besser als erziehen, heißt es. Wer Mathematik lernen will, ahme gute Mathematiker nach. Wer origineller Künstler werden will, kopiere andere originelle Künstler, sonst wird er nur ein kauziges Original. *Auerbach* verteidigte in der Kunst die körpernah leibhaftige „Mimesis" und Hegel das „sinnliche Scheinen der Idee im Stoff" als ästhetisches Ideal. Ideen der Vollkommenheit sind nach *Kant* Leistungen der Vernunft, laut seinen Nachfolgern *Maimon* und *Fichte* aber nur Normleistungen der privaten Einbildungskraft.

Mein Hauptkonkurrent ist mein eigenes Zielprojekt, aber ist mein Spiegelbild schon mein Vorbild? Wer sich der Sonne entgegen(st)reckt, will nicht die Sonne werden. Meine eigenen Vorbilder sind gerade die verborgenen Kehrseiten der Dinge, aber das eigenes „Ich-Ideal" ist laut *Freud* auch ein gewissenhaftes „Über-Ich", dessen Autorität vernünftig oder angemaßt sein kann. Vorbilder beflügeln, und Autoritäten lähmen, heißt es, aber Vorbilder sind selber autoritär und haben (ehr)furchtgebietende Autorität (wie die der großen Autoren).

Erreichen wir selber unsere Vorbilder, oder machen Vorbilder uns nur zu ihren Werkzeugen, um sich durch unsere Anstrengungen hindurch zu realisieren? Der Beste wird Vorbild, der Schlechte aber Kumpel. Das Vorbild, ins eigene „Über-Ich" (Freud) implantiert, verdammt uns zur Minderwertigkeit gegenüber unserem eigenen „Ich-Ideal". Das demütigt und kann den Nachahmungseifer ziemlich entmutigen, wenn die Ziellatte zu hoch (oder zu niedrig) gehängt ist. Ein Menschenkind muss sich schon (st)recken, aber die Türklinke durch Hochspringen auch erreichen können, wenn das Ziel nicht erhebend und hemmend zugleich wirken soll. Recke dich, strecke dich oder verstecke dich und verrecke! Muss das leuchtende Vorbild aber sozial anerkannt sein, wenn es nicht zum abschreckenden Beispiel werden soll?

Heutige Kinder sind Vorbilder ihrer Eltern, selbstbewusst laut und ellbogenfrei dummdreist gefallen sie den großen Verwachsenen am besten, gerade wenn sie die damit quälen.

Es wird noch kein *Goethe,* wer *frisset und säuft* wie er. Ein Menschenkind, das seinem Rat folgt, missrät. Ein Christ eifert lieber dem Geringsten nach als allem Großen. Das Bild, das einer von seinem Vorbild sich macht, trifft es selten. Der Mutige wählt sich zum Vorbild nicht den Übermütigen und der Feigling nicht den Mutigen, sondern den Schwermütigen, Großmütigen oder Anmutigen.

Vorbilder sind Anreize, besser zu werden, aber besser als Menschen oder als Fußballer? Das geistesadlige Antlitz eines Boxweltmeisters oder die *Visage* eines schielenden Sartre – was lockt und droht mehr? Nimm lieber gleich das Vorbild deines Vorbilds oder dessen Vorvorvorbild – einen Götzen.

Heute *ist* man schon ein Vorbild, wenn man nur eines *hat,* egal welches. Die meisten Vorbilder ähneln übrigens dem Teufel (dessen grosses Vorbild sein Gegenspieler ist).

Als Vorbild dient nicht mehr ein Christus, als aufgeklärtes *Leitbild* gilt das Grundgesetz der Verfassung, also die Utopie der säkularen Menschenrechte.

„Der Satz : *Alle Menschen müssen sterben*, paradiert zwar in den Lehrbüchern der Logik als Vorbild der allgemeinen Behauptung, aber keinem Menschen leuchtet er ein." *(Freud)*

Für jemanden, der vom "Werteverfall" raunt und unbedingt Vorbilder braucht, sollte erst einmal zum Vorbild werden, seine Vorbilder nicht unter heutigen Medienstars und Promis zu suchen, sondern vielleicht ausnahmsweise unter ausgewiesenen Denksportgrößen, unter den Besten in Künsten und Wissenschaften.

Im Roman und Theater sind Gelehrte irre Verbrecher oder weltfremde Pedanten, nie helle Vorbilder.

In Spiegeln sieht man Vorbilder und Weltbilder.

Wer Menschen vergöttert, vermenschlicht den Teufel, und bete bitte lieber noch Bilder und Vorbilder an als dich selbst!

"Ich suchte nach großen Menschen. Ich fand immer nur Affen ihres Ideals." *(Friedrich Nietzsche)* Viele Menschen nahmen sich seither Nietzsche zum Vorbild, den neuen "Übermenschen", einen kranken Krüppel, der Mitleid hasste, doch selber erregt.

Und dann gibt es last not least natürlich noch die hierzulande so verehrten "stillen Helden des Alltags", selbstlos couragierte Nothelfer, die nie verkannten Genies der Durchschnittlichkeit, welche vom Durchschnitt etwas zu lauthals gefeiert werden, entgegen dem, was von ihnen gern behauptet wird. Sie allein werden niemals übersehen.

Wurde jedes Etikett schon Schwindel?

Alles, was man sagt, sollte wahr sein, aber man muss nicht immer alle Wahrheit sagen, sagte *Kant*, und so hält es auch die wahre und justizfürchtige Etikettierung der meisten heutigen Waren, Informationen und Dienstleistungen. Entscheidendes muss nicht gelogen sein, darf aber wohlweislich verschwiegen werden.

Die eine Hälfte aller Werbung verpufft ins Leere, klagt der Unternehmer, man weiß nur leider nicht welche. Jedes Warenetikett ist ein heilloses Knäuel aus balkenbiegender Reklamepoesie und vorgeschriebener Sachinformation, und der ratlose Kunde ist oft der letzte, welcher dieses raffiniertere Durcheinander entwirren kann.

Aber ist es nicht naiv zu erwarten, dass nicht *jegliches* Warenetikett ein Schwindel ist, der aber schon lange niemanden mehr schwindlig macht? Ein Etikett ohne Schwindel klebt an einer Ware, die nicht verkauft werden will. „Die Welt will betrogen sein", heißt es sprichwörtlich, und man tut ihr auch im Allgemeinen diesen Gefallen. Eine Ware verspricht ja kein nur mehr oder weniger nützliches, intaktes und funktionsbeschränktes Gerät, sondern eine ganze Weltanschauung und paradiesische Poesie, und das kann nicht gutgehen. Jeder weiß das und tut vor sich so, als wüsste er es nicht und werde nur ständig geleimt und nach Strich und Faden über den Tisch gezogen.

Das Geschrei über *Etikettenschwindel* ist pure Heuchelei, da jeder weiß, dass die Versprechen der Werbung nicht wörtlich zu verstehen sind und die eingestreuten Produkt-Informationen zumeist nicht mehr als die halbe Wahrheit abgeben können. Man will aufgeklärt werden, aber man wird eigentlich nicht einmal aufgeklärt darüber, dass einem nichts wirklich klar wird. Technische Infos zu technischen Geräten bleiben für den Laien letztlich Hekuba, denn ihren Sachgehalt kann er nicht wirklich abschätzen. Angaben von Inhaltsstoffen in Lebensmitteln sagen höchstens Medizinern und Chemikern genug. Die garantierte Qualität angebotener Dienstleistungen ist auch vor Schiedsgerichten oft nur Ermessenssache mit breitem Spielraum für diffuse Auslegungen.

Platons Ideenlehre war vor 2400 Jahren der erste ernsthafte und radikale Versuch, dieses Thema zu verstehen. Die ganze Welt ist laut Platon ein einziger Etikettenschwindel, da sie verspricht, ihrem eigenen Inbegriff zu entsprechen und dieses Versprechen *prinzipiell* nicht einlösen kann – nicht nur der menschgemachte, sondern auch der schon vorgefundene Kosmos. Polit-Werbung wie jede Ideologie etwa verspricht eine ideale Möglichkeit und hält nur die reale Welt.

Der biblische Monotheismus (Platon als "Moses graecus") verschärfte das abermals zu der Theorie, dass die reale Welt nur eine Werbeveranstaltung Satans sei, also ein prinzipieller Etikettenschwindel, und dass die Wahrheit nicht von dieser Welt sei. Gar nichts sei in Wahrheit so, wie es hienieden auftrete und sich darbiete.

Der Teufel sei ein Marktmonopolist für irdische Güter, seine Hölle ein Universalkonzern aller sehr hübsch verpackten und noch hübscher beworbenen Güter und preist sich als das Paradies selber an. Jede seiner Waren sei nur ein Fallstrick, der ins Fegefeuer der Reue und der Enttäuschung führe. Jedes Ding dieser Welt-GmbH sei wie eine geschminkte Hure auf dem Marktplatz : Liebeswerbung mit lauter übertriebenen Verheißungen. Wer das wohl versteht und trotzdem begierig zugreift, müsse die naturgesetzlichen Folgen selber tragen. Dazu sei kein göttlicher Strafeingriff von oben nötig, denn was man *Moral* nennt, ist laut biblischer Theorie nur die praktische Konsequenz aus Naturgesetzen der Schöpfung - eine Reihe von guten Tips des Allproduzenten, der seine Lieblingsgeschöpfe nur vor Satans sensationellen Sonderangeboten dringend gewarnt haben will.

Die "aufgeklärte" Konsumwelt hat diese Hinterweltsicht der Dinge längst gekippt und vertraut eher auf löchrige EU-Verbraucherschutzgesetze. Die Zeit, als die Dinge für uns noch einen reellen „Gebrauchswert" besaßen, den ein Karl *Marx* gegen blossen „Tauschwert" des Marktes aufrechnete, sind aber vorbei. *Sein und Schein*, Ware und Etikett : Platon wusste bereits alles, als es den Industrialismus noch gar nicht gab. Das wahre Sein hinterm schönen Schein ist hässlich, weil es nichts ist vor dem wahren und schönen Begriff von der Sache, und dieses versteckte Ideal mache selbst den schönsten Schein zu einer hassenswerten Sache.

Man will nicht gern wahrhaben, dass die moderne Hightech-Industrie inzwischen fast nur noch sinnlosen, überflüssigen und oft lebensgefährlichen Unfug anbietet, den jeder sich letztlich zwingen muss zu brauchen und zu kaufen, damit er seinen hassgeliebten Arbeitsplatz nicht verliert. Diese Warenwelt ist inzwischen ein einziger Etikettenschwindel, weil das hochindustrielle Füllhorn seine prostituierten Schätze aus dem (ebenso läuternden wie schlecht erläuterten) Fegefeuer verkaufen muss für den Himmel auf Erden, wo alle Waren doch tatsächlich längst aus der *Büchse der Pandora* fallen.

Der Schein ist längst das Sein selbst, alle Ideale "scheinen" industriell realisiert.

Wo "wahre Liebe" draufsteht, ist nur beliebte Ware drin. Auch die markig "echten zwischenmenschlichen Beziehungen" waren wohl immer Schwindel und zumeist das Gegenteil von dem, was von ihnen ausposaunt wird, also fehletikettierte Marktbeziehungen. In den teuersten Autos z.B. sitzen die hübschesten Beifahrerinnen. Die Etikette verlangt es. Geliebte Menschen werden "Waren als Fetische" (Marx); Satiriker haben es stets bemerkt.

Auch Politiker gelten gern als Etikettenschwindler, die Scheisse als Gold verkaufen, können aber kaum schlechter sein als ihre Kunden, von denen sie gewählt sein wollen und die als Politiker selber nur selten ehrlicher wären. Der Mensch ist frei und wär' er in Etiketten geboren?

Auch ein selbstkritisches Understatement-Etikett übrigens kann nur einmal benutzt werden und dürfte zumeist wenig mehr als beifallheischende Eitelkeit sein und *fishing for compliments*.

Modernes *Sodom & Gomorrha* der Massenmedien: Noch nie vernahm man eine so schwindelerregend überzeugende Selbstverteidigung des univeralen Schwindeletiketts gegen seine Ankläger wie diese schlagwortgewaltig einschmeichelnde : ein Meta-Etikett, ein Reklame-Etikett auf dem Etikett selbst, Es wird wichtiger als die annoncierte Ware, und der Betrug fällt fast auf sich selbst herein. Ein Hohelied der Werbephantasie ...

Leben kommt von der Bio-Vitalität

Die moderne Bilderflut
tut der Bildung gar nicht gut.
Auch das *Weltbild*
wird nur Bildwelt.

Leben und geben,
k'leben und streben,
weben oder beben,
st'erben und erben.

Darauf einen heben
aus Reben und Zibeben eben,
dann sind wir ganz daneben,
wir (k)alten Epheben.

Herb'st ist Winterpretation
des Sommers und malt das beste
bunte Bild des bunten Lebens:
Winterfrühling,
wenn die Eisblumen blühen.

Denkst du schon,
oder lebst du nur?
Ende Wut, alles Blut...

Friedensrosen mit Kriegsdornen

Die Liebe kann ich dir nicht erklären,
aber meine Liebe oder den Rosenkrieg.

Der Krieg erklärt sich nicht (außer für gerecht),
aber wird verklärt, weil er alles klärt.

Menschenrechte bedeuten Krieg.

Seid nicht so brav, sonst gibt es noch Krieg!

Wir sterben aus. Wir exportieren Kriegszeug.
Wir kriegen Flüchtlingsfluten.

Armut flüchtet vor dem Krieg,
Reichtum in den Krieg.

Friedhofsruhe im Krieg ist wie
Produktionsschlacht im Arbeitsfrieden.

Durch friedliche Schönheit erklärt Kunst
der verhassten Welt den Krieg.

Krieg ist kein Frieden mit Gott,
doch „Arbeitsfrieden" ein Weltkrieg
gegens Reich Gottes.

Schriftsteller schließen Frieden
mit Papierkriegen.

Lebenssinn 3.0: All-inclusive-wellness
mit malerischem Blickauf Elendsviertel
und Kriegsgräuel.

Dass viele zu viel kriegen, weil wenige alles
kriegen, schreit nach Kriegen.

Man ist für friedliche Ausbeutung und gegen
kriegerische Vernichtung von Arbeitskräften.

Sind Krieger unzufrieden,
wenn sie Frieden kriegen?

Wer Weltkriege gewinnt,
lernt keine Fremdsprachen.

Ewiger Friede auf Erden herrscht
erst nach dem nächsten Weltkrieg.

Papierkrieg den Palästen,
Arbeitsfriede den Hütten!?

Geistloser Kampfgeist der Sportskanonen:
Weltkrieger ohne Kanonen.

Befried(ig)ung. Krieg ist Frieden mit Krieg
oder Krieg gegen Frieden; Frieden ist Krieg
gegen Krieg, und Frieden mit Frieden ist Tod.

Aphorismen sind Gedankensplitter
im Kopf von Papierkriegsverletzten.

Was Hans von Grete nicht kriegt, das sucht er
im Krieg, in den sie nur den schickt,
von dem sie nichts kriegt.

Krieg ist besser als nichts. Nichts ist besser
als Frieden. Also ist Krieg besser
als der faule Arbeitsfriede der Diktaturen.

Nur eins ist schlimmer als Krieg,
seine Unterdrückung durch Tyrannen.

Hätten wir den Atomkrieg doch schon hinter
uns und könnten mit dem einfachen Leben
in freier Natur endlich anfangen!

Romankonflikte von heute werden erst gelöst
in den Kriegen des nächsten Jahrhunderts.

Nachkriegsdeutsche Parole:
Heim in den Reichtum!

Wir haben umso mehr Angst vorm Atomkrieg,
je weniger der an unserem Leben ändern würde.

Der moderne Pazifismus ist ein Kampf
von Friedensäxten und Kriegspfeifen.

Arbeitsteilung ist wie Geschlechterkrieg:
Immer gibt es da bessere Hälften,
und ein Ganzes wird daraus nie.

Die Herrscher aller Länder arbeiten
an der Begrenzbarkeit des Atomkriegs
auf Proletarier aller Länder.

Solange Arbeitsfriede herrscht, wird Leben
geführt wie ein Krieg : Der Bürger krempelt
die Ärmel des Arbeiters hoch
und legt sein Geld an (auf ihn).

Arbeitsfriede kriegt ewig Krieg
mit Gottes Wort.

Krieg kämpft um Frieden
mit Friedhöfen, Friede arbeitet am Krieg
mit Produktionsschlachten.

Der Krieg ist der Vater aller Dinge,
also auch des Geldes. Kriegskredite finanzieren
ihn vor, der mit größerer Kriegsbeute begleicht.

Der Arbeitsfriede besteht aus Produktionsschlachten, ein Kriegsschauplatz aus Friedhöfen

Führen Völker befriedigende Kriege,
sind ihre Anführer mit sich im Frieden.

Arbeitsfriede gewinnt Produktionsschlachten,
Geschlechterkrieg verliert nur Seelenfrieden.

Krieg mag der Vater aller Dinge sein,
doch Polemik ist die Mutter aller Papierkriege.

Mancher wagt ein unbürgerliches Leben
höchstens mal im Schutz eines Krieges.

Wer im bürgerlichen Konkurrenzkampf fällt,
kann noch Kriegsheld werden.

Eine Welt ewigen Friedens wäre heute
eine Welt ewiger Sklavenarbeit, und eine Welt
ohne Arbeit eine Welt im Dauerkrieg.

Jeder Friede führt einen interessanten Krieg
gegen befriedigende Interessen.

Krieg den Lust-, Friede den Luftschlössern!

Willst du häuslichen Frieden,
rüste zum Geschlechterkrieg!

Wer in Friedenszeiten den ewigen Konkurrenzkampf bekämpft, findet Frieden erst im Krieg.

Nur Sieger in Kriegen können mehr kriegen.

Der Krieg ist der Vater aller Dinge,
der Wunsch der Vater der Gedanken.

Zeugt der Fortschritt mehr Leute,
als er ohne Krieg ernähren kann?

Clausewitz erklärt seinem Leser den Krieg.

Seit die Kirche nicht mehr mit der Hölle drohen
mag, schlimmer als Krieg, kann sie nicht mehr
mit dem Himmel locken, schöner als Sieg.

Sklaverei gilt höher als jeder Krieg,
der sie abschütteln will.

Ich will weder Krieg noch Frieden.
Und kriege Krieg mit beidem.

Gott schickt die Kriege,
sein Geschöpf die *Tsunamis*.

Weltkriege gegen *Übervölkerung*
heißen allerorten ab jetzt Aborte.

Friedensbewegungen sollten nicht zu mächtig
werden, sie würden Kriegsbewegungen stärken.

Im Frieden muss man Geld haben,
im Krieg wenigstens Recht.

Frieden schließen heißt neuen Krieg eröffnen.

Im Krieg sehen Optimisten
nur das *slum clearing,* Pessimisten den einzigen
Weg zum *slum clearing.*

Es herrscht Krieg oder Frieden,
aber immer über Menschen.

Krieg herrscht nur unter Brüdern,
Friede nur zwischen Fremden.

Aufklärung : Liebeserklärung
und Geschlechterkriegserklärung.

Wissenschaft & Technik heißt : Ein dritter
Weltkrieg verwandelt die ersten beiden
rückwirkend in Provinzscharmützel.

Der Mut des Kriegers dient dem Arbeitsfrieden
der Feiglinge.

Nichts trennt uns leichter als ewiger Friede,
nichts vereint Staaten tiefer als Kriege.

Wer sich vor dem Leben drückt,
träumt auch von Krieg und Revolte.

Nur Krieg macht Arme nie ärmer, nur verlorene
Kriege machen mehr Reiche als Arme ärmer.

Es herrscht Krieg oder Frieden,
Chaos oder ein Ton.

Nur Gewalt zwingt, auf sie zu verzichten,
und nach Kriegen ist gut reden.

Man wünscht sich Krieg, wenn Geschlechterkrieg und Arbeitsfriede quälen.

Die ganze Rosenchose
in heimischer Konservendose

Rote Rose, weiße Rose
und die englische Neurose.
Haus Lancaster, Haus York,
Miss Piggy and Pork :
Der ganze englische Adel
spießte sich auf die Nadel.
Wer darf auf diesen Thron
mit Sippe und erstem Sohn,
und wer hat Lohn und Hohn?
(Den Bauern blieb die Fron.)

Hauen sich Aristokraten,
freuen sich Demokraten.

Nimmt sie deine Rose,
ist das vielleicht ein Sieg.
Lass Dornen an der Rose,
das ist Geschlechterkrieg!

Auch Damen in Hosen,
die lieblich uns kosen
in reizend losen Posen,

duften und verduften
vor treulosen Schuften.

Auch in *Rosenheim,*
wie ihr sicher wisst,
duften im rosigen Heim
die Rosen nur auf Mist
(auf Dünger, ihr Jünger!),
wenn man beides küsst.

Das liebe Eigenheim
im lyrikgeilen Reim
ist der Keim im Schleim
aller Heimaterialisten
mit ihren heimlichen Lüsten
und ehelichen Kriegerlisten.

Heimat, insgeheim
ein *multiresistenter Keim,*
ist Keimweh und Reimweh
auf Heimweh.

Unheimlich wird das Heim
jedem Rosenkrieger
(einst Hosenposensieger).
Ein Rosenkriegerheim
ist das Bett des/r Nächsten
in rosenroten Nächten.

Ein Rosenkrieg ist der Vater
aller jungen Dinger und Kater.
Mit- und Umweltkriege
sind Unterweltlüge.
Geht der *Crime*
aus dem Leim?

Schmutzige Wäsche
springt in die Bresche
zwischen den beiden.
die sich verleiden,
die sich fetzen und verletzen
und damit ergötzen.

Man balgt um seine Kinder,
um Geld & Gut nicht minder,
und wenn die Scheidung pressiert,
stets nur der Anwalt kassiert.
Ein Hauen und Stechen,
Misstrauen und Blechen.

"Du sollst nicht ehebrechen" :
nicht von Scheidung sprechen!

Staunschreie nach Nonsensoren

Ewige Rollkragenpullis verdecken und verraten
manchen Truthahnhals.

Portwein aus Portugal ist so süß
wie das Blut der Diabetiker.

Wer mehr von ihm kennt als die taubgespielte
„Neunte", gilt schon als Beethovenkenner.

Jede menschliche Gemeinschaft ist eine GmbH
am Boden der Tatsachen.

Wer frei ist, hat die Last der Verantwortung,
von der er nicht frei ist.

Modernes Tagwerk ist Online-Bereitschaftsdienst
für Feiertagwerk samt Nachtwerk.

Nie mehr geht es um die Wurst für den,
der sie einmal im Schlachthof gefüllt sah.

Entstand *Cumbia*-Tanz, als spanische Grundbesitzer
sich bei ihren afrikanischen Sklaven musikalisch
anbiederten, um deren Arbeitseifer zu steigern?

Nur Gutes ist groß, nur Großes ist schlecht.

Ganz ohne *Erbsenzähler* wüßten wir gar nicht,
ob Erbsen für uns zählen.

Selbstbindung entkommt dem Kerker
enthemmter Freiheit *von und zu* allem.

Ich rufe unseren Gott herbei, ich vergöttere nicht,
was ich herbeirufe.

Zeitgeist ist immer hinter der Zukunft zurück,
doch Ewiges weder alt noch neu.

Unsere Enkel werden uns rächen,
antworten die Eltern ihren rebellischen Kindern.

Nietzsches *Übermensch* ist durch Freuds *Über-Ich*
leicht zu besiegen wie *Goliath* durch *David*.

Sein Leben verliert, wer´s nie riskiert, *et vice versa*.

Solange unsere Maschinen nicht unsere Spielzeuge sind, ist der Ernst des Lebens nur ein Automat.

Esoteriker glauben an Geister,
weil sie nicht an den Teufel glauben wollen.

Kinder attackieren ihre Eltern, um ihren Großeltern zu gefallen und zu gleichen.

Revolution ist ein Aufstand nicht gegen Veraltetes,
sondern gegen das Allerneueste.

Einst hatte man nicht mehr Mittel, um Gutes zu tun,
heute hat man alle Mittel, um Schlechtes zu tun.

Menschen verurteilen gern die Moral,
weil die Moral den Menschen verurteilt.

Katastrophen entstehen heute nicht, weil Bösewichte Atombomben werfen, sondern gute Spezialisten mal nur 99,99% aufpassen.

Der Prophet weiß, es endet schlimm. Der Christ
weiß, es könnte böse enden, da es gut werden kann.

Religion ist Demokratie : Der König im Bettler
besiegt den Bettler im König.

Dummheit hat eine *Weltanschauung*,
Menschenverstand eine Philosophie.

Nietzsches *Übermensch* bewohnt die Unterwelt
der Unterschicht.

Gegen *Übersinnliches* spricht nicht, dass es
nicht sinnlich genug, sondern zu unsinnig ist.
Gegen *Übernatürliches* spricht nicht,
dass es zu unnatürlich, sondern allzu natürlich ist.

Fortschritt ist ewige Suche nach ewigem Ruheplatz,
der Ruhestand die Suche nach ewigem Fortgang.

Man muss sehr viel tun, damit sich gar nichts ändert,
doch nur gar nichts tun, damit alles sehr schnell
verändert wird.

Die Helden der Geschichte
sind vielleicht die Heiligen der Hölle.

Ich verstehe deine Worte, aber nicht dein Handeln,
das du damit schönredest.

Die Welt wurde materiell erschaffen,
aber die Hölle spirituell konstruiert.

Geist oder Sinn ist nicht teuflisch, doch Satan
ein Intellektueller, der Sinnlichkeit preist.

Der letzte Schrei war schon am vorletzten Sonntag
veraltet, doch Uraltes bleibt ewig jung und neu.

Fängt der Polizist im Dieb den Dieb im Polizisten?

Asketische Heilige werden heute mehr verachtet
und weniger verstanden als pädophile Priester.

Der Irre zieht seine eigene Wahrheit
der Erfahrung von Milliarden Menschen vor,
doch diese irren viel seltener
gegen ein einziges Genie.

Dass alle doktrinären Behauptungen falsch sind,
ist doktrinär falsch, denn *eine* könnte ja wahr sein.

Das tausendjährige *Römische Reich*
integrierte alle, aber Christen überlebten alle,
weil sie sich nicht tolerieren ließen.

Alles ist Christen verboten, nur nicht Freiheit,
Gleichheit, Brüderlichkeit, Gerechtigkeit,
Vernunft und Lebensfreude.

Dass es eine objektive Wahrheit gibt,
ist viel wahrscheinlicher, als dass niemand
sie finden kann oder ich sie gefunden habe.

Corona. Verzicht auf Techno-Raves, Bars
und Parkfeten gilt schon als neues *Biedermeier*.

Falls der Himmel die *Covid-19*-Pandemie schickte,
muss es ihm diesmal weltweit sehr ernst sein.

Öko will grüne schützen vor menschlicher Natur,
die erst *analog* ausgebeutet wurde und nun *digital*
ausgebeutet wird. Das ist die Umwelt-Agenda.

Bedürfnisse wollen heute befriedigt sein,
weil sie da sind, nicht als Leistungslohn.

Der Selbstabholer kann es dahin bringen, es zu rein
gar nichts zu bringen, als seine Zeit zuzubringen.

Meine Herausforderer können nichts.
Hätten sie sonst mich herausgefordert?

Man tut sich gern wichtig mit dem Spruch,
man solle sich sebst nicht so wichtig nehmen.

Seltsam zwischen selten, frag- und merkwürdig:
also würdig, bemerkt und befragt zu werden.
(Absonderlich ist nicht abwegig.)

Mancher ist nur auf Zack, wo er Zickzack läuft.

Who is Dr. Who? Ein alberner SF-Zeitmaschinen-
passagier, der in fernste Pop-Zukunft reisen kann,
welche der Ewiggestrigkeit verdammt ähnelt.

"Quarkgequatsche! ", sagt der Sahnequarkquatscher
zum Magerquarkquatscher.

Mut zwischen Kleinmut, Großmut, Hochmut,
Schwermut, Missmut, Übermut, Anmut, Unmut
und Demut ist manchmal nur zu feige zur Feigheit,
ziert aber auch jeden Feigling.

Unerklärliches ist unbedrohlicher als *X-Faktor*.

Apotheose verherrlicht sich selbst als Aufstieg
von vergötterten Helden zu angehimmelten Stars

Geize mit Lob und Anerkennung,
koste es, was es wolle.

Ich bin immer guter Dinge
und gönne niemandem mein Elend.

Eine Ganovin muss nicht die Frau
eines Ganoven sein, sondern kann ganz allein
emanzipierte Verbrechen verüben.

Die *Zielgruppen* von Schützen sind ihre Opfer.

Zielgruppen des Autors sind seine Leser,
seine Zielscheiben sind alle anderen.

Karotten rotteten sich oft zusammen
zum geschmacklosen K-Rotteneintopf.

Die Großprobleme der Welt sind so unlösbar,
wie sie es immer waren. Ein winziges Virus
löst nun, was keine Politik geschafft hätte.

Nur wer sieht, nachdenkt, schreibt und gar
nichts tut, hat eine winzige reelle Chance.

Die Welt, so wie sie ist, ist das Werk
von zu aktiven Menschen.

Der Kosmos stammt aus dem Chaos, das Chaos
vom Chaoten und dieser aus der Kosmetik.

„Ich könnte Stammbäume ausreißen!",
rief der Bastard.

Ein aphoristischer Satz ist kein
zu scharf redigierter Aufsatz.

Was führt dich nach Kuhschnappeldorf?
Ein Hund führt den blinden Säufer nach Hause.

Wechseln der Schöpfer des Alls und der Alles-
vernichter einander ständig nur ab?

Wer gerade nachdenkt, kommt Vor- und *Quer-
denkern* geradewegs in die Quere.

Wer einem jungen Einstein keine einträgliche
Physikprofessur gibt, muss mit einem relativen
Umsturz der ganzen Physik absolut rechnen.

Mens sana. Man joggt sich dumm und dämlich
und liest Pilcher oder Sportnews.

Gehörst du zur Zielgruppe deiner Zielgruppen?

o. K. ist nicht okay. Eine Demokratie wird mit
organisierter Kriminalität umso besser fertig,
je mehr sie sich ihr selber annähert.

Wer von Gastarbeitern "Dürüm-Döner" gelernt hat,
gilt schon als *multikulti*.

Das Jenseits ist nicht weit hinter den Wolken,
in Sekundenschnelle ist es da.

Was unerwartet reinplatzt, kommt plötzlich,
wie lange zusammengebrautes Unheil, das man
verschlief. Eine Ewigkeit lang gab es gar nichts,
und mit einem Mal war das All da. Und umgekehrt.
Plötzlich und sein Gegenteil *Peu-a-peu* :
Man merkte nicht, wie es anschlich.

Portugiesen fühlen sich sauwohl
nur im *Saudade*-Weltschmerz des *Fado* –
seit Verlust ihres kolonialen Weltreichs.

Es ist Usus, einen Usus durch Abusus zu verletzen
und Gewohnheiten gewöhnungsbedürftig zu finden,
doch sich ungewöhnlich wohnlich drin einzurichten.

Ist das expandierende Weltall ein aus allen Nähten
platzender Himmelszeltplatz? Nächtens hört man es
dort nur schnarchen, pupsen und stöhnen.

Wer aus Brot und Wein eine Notsuppe
der armen Sünder isst, ist noch kein Christ.

Ich bin nicht alt, sondern von Gestern. Alt ist, wem
niemand mehr sagt, er sei (nicht) älter geworden.

Sartres Freiheit : Vom Dieb zum Dichter *Genet,*
vom Idioten zum Genie *Flaubert*, vom Großbürger
zum solipsistischen Totalitaristen *Sartre.*

Wer weiß weiter von seinem Standpunkt aus?

Schlafe nicht, bis ich bei deinem Werk einschlafe!

Wer gar nichts weiß, weiß noch nichts Unendliches.

Atom : Unteilbares. *Individuum :* Un(mit)teilbares.

Der Hagestolz hat all seine Nachfahren umgebracht.

Das politische Vakuum ist zuweilen ein Plenum.

Logisch denken zu lernen aus *Hegels* „Wissenschaft
der Logik, ist unlogisch.

Mir liegt und wiegt der Globus ungleich mehr
als tausend homöopathologische *Globuli*

Naturphilosophie nach Hegel?

„Die Natur ist nur an sich die Idee, daher Schelling sie eine versteinerte, andere sogar eine gefrorene Intelligenz nannten; der Gott bleibt aber nicht versteinert, sondern die Steine schreien und heben sich zum Geiste auf.

Die Wahrheit des Raumes ist die Zeit, so wird der *Raum* zur *Zeit.* Der Wissenschaft des Raums, der Geometrie, steht keine solche Wissenschaft der Zeit gegenüber. Das Nichtsein des Seins, an dessen Stelle das Jetzt getreten ist, ist die Vergangenheit; das Sein des Nichtseins, was in der Gegenwart enthalten ist, ist die Zukunft... Die Zeit ist... das Bleiben eben des Verschwindens.

Materie ist ausschließende Beziehung auf sich... der Begriff des Begrifflosen. .. die Materie ist eben dies, seinen Mittelpunkt außer sich zu setzen... Die *Schwere* ist sozusagen das Bekenntnis der Nichtigkeit des Außersichseins der Materie in ihrem Für sichsein, ihrer Unselbständigkeit, ihres Widerspruchs ...Die Schwere ist das Insichsein der Materie. . .Wenn die Materie das erreichte was sie in der Schwere sucht, so schwitzte sie in einen Punkt zusammen.

Die *Bewegung* ist eben dies, an einem Ort zu sein und zugleich an einem anderen Ort, und ebenso nicht an einem anderen, sondern nur an diesem Ort zu sein.

Das *Weiche* ist auch repellierend, elastisch; es weicht zurück, aber nur so weit : aus *einem* Ort kann es nicht vertrieben werden.

Was Widerstand leistet, ist materiell und umgekehrt insofern materiell, als es Widerstand leistet.

Jeder *Körper* hat einen Schwerpunkt, um als Zentrum sein Zentrum in einem Anderen zu haben ... Die Materie ist das Außersichkommen ihres Außersichseins ... die erste wahre Innerlichkeit...

Es gibt vieles, was noch nicht zu begreifen ist; das muß man in der Naturphilosophie zugestehen ... Männer vom Fach reflektieren nicht darauf. Aber es wird eine Zeit kommen, wo man für diese Wissenschaft nach dem Vernunftbegriff verlangen wird!

Dieser Teil ist der schwierigste in der Natur, denn er enthält die endliche Körperlichkeit .

Die *Nacht* ist das Negative, worin alles zurückgekommen, woran das Organische ... bekräftigt wieder in die erwachende Vielheit des Daseins tritt. Das Licht ist... die gegenwärtige reine Materialität . . . das daseiende Insichsein ... oder die Wirklichkeit als eine durchsichtige Möglichkeit. Raumerfüllung ist aber zweideutig... die Kraft allgemeiner Wirklichkeit, außer sich zu sein... die Gemeinschaft mit allem, die in sich bleibt ... Das Licht bringt uns in den allgemeinen Zusammenhang . . . die physikalische Idealität im Gegensatz zur Realität der schweren Materie... Ich ist der unendliche Raum... Mit dieser Identität des Selbstbewußtseins ist das Licht parallel und das treue Abbild desselben. Es ist nur darum nicht Ich, weil es sich nicht in sich selbst trübt und bricht... Könnte sich das Ich in der reinen abstrakten Gleichheit halten, wie die Inder wollen, so wäre es entflohen, es wäre Licht... Aber das Selbstbewußtsein ist nur als Bewußtsein... Das Licht ist also nicht Selbstbewußtsein, weil ihm die Unendlichkeit der Rückkehr zu sich fehlt... abstrakte Manifestation seiner... Das Licht ist unendliche räumliche Zerstreuung oder vielmehr unendliche Erzeugung des Raums... als das allgemeine Zur-Erscheinung-Bringen, die erste Befriedigung... immaterielle Materie... die Materie, die sich gefunden hat... der einfache Gedanke selbst, auf natürliche Weise vorhanden... die wirksame Identität, alles identisch zu setzen... dieses gespannte Licht hat den Trieb, sich am Anderen zu differenzieren... Trübte sich das Licht aus sich selbst, so wäre es die Idee, die in sich selbst differenziert.

Der *Mond* ist der wasserlose Kristall, der sich an unserem Meere gleichsam zu integrieren, den Durst seiner Starrheit zu löschen sucht und daher Ebbe und Flut bewirkt... so sind die Hofleute, die dem Fürsten näherstehen, selbstloser durch ihr Verhältnis zum Fürsten ... Sterne sind nur Bedeutungen der Erde...

Die *Luft* ist allgemeine Idealität alles anderen... durch welches alles Besondere vertilgt wird; das Feuer ist dieselbe Allgemeinheit, aber erscheinend... die existierende Natur der Luft... das zur Erscheinung kommende Zum-Schein-Machen des Anderen... Wasser ist passive Neutralität. Die Erde spannt sich in sich selbst ... Vulkanismus und Neptunismus...

Die *Luft* ist ein schlafendes Feuer... die verdachtlose, aber schleichende Macht über das Individuelle und Organische, die gegen das Licht passive, aber alles Individuelle in sich verflüchtigende... in alles eindringende Flüssigkeit -...Die Luft so das schlechthin Korrosive, der Feind des Individuellen . .. schleicht sich überall ein, ohne daß man der Luft etwas ansieht, wie die Vernunft sich ins Individuelle insinuiert und es auflöst... da die Luft schon als solche das Zehren ist... wir aber müssen nicht so zärtlich mit der Materie sein...

Das *Feuer* ist das existierende Fürsichsein, die Negativität als sobhe... die wahrhafte Affirmation ist das Feuer. Das Nichtseiende ist in ihm als seiend gesetzt

59

u.U.; so ist das Feuer die Zeit... Der Prozeß des Lebens ist auch Feuerprozeß, denn er besteht darin, Besonderheiten zu verzehren; er bringt aber sein Material ewig wieder hervor.

Wasser ist das Element des selbstlosen Gegensatzes, das passive Sein-für-Anderes, während das Feuer aktives Sein-für-Anderes ist... seine Determination ist, das noch nicht Besondere zu sein... "die Mutter alles Besonderen"... die reale Möglichkeit des Unterschieds, der aber noch nicht an ihm existiert... Es steht mit jedem Körper, den es berührt, in näherem Zusammenhang als mit sich selbst ...

Der *Klang* ist . . . das Übergehen der materiellen Räumlichkeit in materielle Zeitlichkeit... Negation der Teile wie Negation dieser ihrer Negation... mechanische Seelenhaftigkeit. . . die Freiheit in der schweren Materie zugleich von dieser Materie... totale Form, die sich in der Zeit» kundgibt... das Erzittern des Körpers in sich selbst... Doch wäre es die Frage, ob nicht wirklich die verschiedenen... Hohlköpfe hohler klingen.

Wärme ist Vollendung des Klanges. Nicht nur der Musikus wird warm, sondern auch die Instrumente.

Haut man den Magneten entzwei, so ist jedes Stück wieder ein ganzer Magnet: ... die termini des Schlusses können nicht für sich, sondern nur in Verbindung existieren. Wir sind so ganz im Felde des Übersinnlichen.

Der individuelle *Kristall* ist aber, als realer Magnetismus, diese Totalität, worin der Trieb erloschen und die Gegensätze zur Form der Gleichgültigkeit neutralisiert sind... das tatlos sich exponiert und von dessen Gebilden man nur sagen kann, daß sie da sind... weil der Magnetismus im Kristall befriedigt ist... ein verständiges Tun der Natur durch sich selbst... Aber selbst der

Mensch, der Geist ist - das absolut Leichte -, ist noch schwer... Materie ist durch und durch kristallisiert... Zerbricht man immer weiter, so zeigt sich immer dasselbe... Der Kristall hat seinen Kern selbst als einen Kristall...

Nacht enthält die sich auflösende Gärung und den zerrüttenden Kampf aller Kräfte, die absolute Möglichkeit von allem, das Chaos, das nicht eine seiende Materie, sondern eben in seiner Vernichtung alles enthält. Sie ist die Mutter, die Nahrung von allem, und das Licht die reine Form, die erst Sein hat in ihrer Einheit mit der Nacht. Der Schauer der Nacht ist das stille Beben und Regen aller Kräfte; die Helle des Tages ist das Außersichsein, das keine Innerlichkeit behalten kann, sondern als geist- und kraftlose Wirklichkeit ausgeschüttet und verloren ist... Das Licht scheint nicht in die Finsternis, es erhellt sie nicht, es ist nicht in ihr gebrochen; sondern der in sich gebrochene Begriff, als die Einheit beider... das ist das heitere Reich der Farben und ihre lebendige Bewegung im Farbenspiel... die erste Farbe ist Gelb, ein heller Grund und ein trüberes Medium, das von ihm durchleuchtet wird... Das Blau des Himmels ist sozusagen der Grund, aus dem die Erde hervorgeht... die Newtonschen Versuche sind verzwickt, schlecht, kleinlich gemacht, schmierig, schmutzig...

Der *Geruch* ist das Empfinden dieses stillen, dem Körper immanenten Verglimmens in der Luft, die eben darum nicht selbst riecht, weil alles in ihr.verriecht, sie alle Gerüche nur auflöst, wie die Farbe am Licht schwindet.

Die *Elektrizität* ist der reine Zweck der Gestalt, der sich von ihr befreit,... worin die Differenzen die Gestalt verlassen, aber sie zu ihrer Bedingung haben Es ist der eigene Zorn, das eigene Aufbrausen des Körpers... es ist niemand dabei als er selbst, am wenigsten eine fremde

Materie. Sein jugendlicher Mut schlägt aus, er stellt sich auf seine Hinterbeine... Nicht bloß wir vergleichen die Körper, sondern sie vergleichen sich selbst und erhalten sich darin als physikalisch; es ist der Anfang des Organischen... die immanente physische Widersetzlichkeit das Tätige des Körpers... Das zornige Selbst des Körpers tritt an jedem hervor, wenn es gereizt wird; alle zeigen diese Lebendigkeit gegeneinander.

Der *Mensch* hat sich nicht aus dem Tiere herausgebildet, noch das Tier aus der Pflanze; jedes ist auf einmal ganz, was es ist ... wie Minerva aus Jupiters Haupte bewaffnet entspringt.

Wie die Quellen die Lungen und Absonderungsgefäße für die Ausdünstung der Erde sind, so sind die Vulkane ihre Leber, indem sie dies Sich-an-ihnen-selbst-erhitzen darstellen ... Das Meer selbst ist diese höhere Lebendigkeit als die Luft, das Subjekt der Bitterkeit und Neutralität und Auflösung, als ein lebendiger Prozeß, der immer auf dem Sprunge steht, in Leben auszubrechen, das aber immer wieder ins Wasser zurückfällt... Das Land ist der Riesenleichnam des ... entflohenen Lebens, der feste Kristall des lunarischen Elements, während das Meer das Kometarische ist... so werden die Gallerte, der Schleim zum Gehäuse des innerlich bleibenden Lichts... Das Meer ist mehr tierisch ,.,, die Erde zunächst vegetabilisch ...

Das *Organische* so durch das Unorganische mit der Gattung vermittelt (E-B-A) ist das Geschlechtsverhältnis... das Hervorbringen des Geschlechts ist das Erzeugen von Individuen durch den Tod anderer Individuen desselben Geschlechts ... im *Weiblichen* ist wohl das materielle Element, im *Manne* aber die Subjektivität enthalten...

Die *Liebe* dagegen ist die Empfindung, worin die Selbstsucht des Einzelnen und ihr abgesondertes Bestehen negiert wird, die einzelne Gestalt also zugrunde geht und sich nicht erhalten kann ... das Allgemeine, was für das Allgemeine ist. Im Tiere existiert die Gattung aber nicht, sondern ist nur an sich; erst im Geiste ist sie an und für sich in seiner Ewigkeit. Die Linie des Lebendigen wäre hiernach die Ellipse ... die Eilinie."

—

Sollte die menschliche Natur aus der großen freien Natur entwickelt werden oder umgekehrt die grüne Natur aus dem menschlichen Naturell – oder beides aus einem sie umspannenden *Absoluten*, wie noch Hegel am Ende und zum Abschluss der (subjektivistisch erneuerten) europäischen Metaphysik wollte?

Neben aphoristisches Philosophieren und tiefenpsychologische Hermenutik (De- und Rekonstruktion) der europäischen Philosophiegeschichte stellt sich hier – in der Nachfolge Hegels – als dritte Säule die Metaphysik einer revitalisierten "vita contemplativa" vor der Natur – gegen den Hyperaktionismus der naturwissenschaftlich-technischen Naturbeherrschungen. Wenn Hochindustriegesellschaften nicht endlich den Elfenbeinturm einer *vita contemplativa* finanzieren durch radikal reduzierte Erwerbsarbeitszeiten, sind sie kontraproduktiv überflüssig – und wird das industrielle Füllhorn vollends zur *Büchse der Pandora.*

Anthropologie der *grünen Natur*
oder Physik der *menschlichen Natur*?

Hegels *Naturphilosophie* gilt als der vergleichsweise am wenigsten idealistische Teil seines vollen Groß-Systems. Man könnte aber auch sagen, sie sei im Gegenteil ganz besonders erzidealistisch, weil sie die menschlichen Begriffe sogar noch wiederfinde in der gar nicht von Menschen geschaffenen Welt. An der Naturphilosophie wäre abzulesen, wie weit Hegels Geisteswissenschaft sich auf das objektiv Geist-ferne und Außermenschliche eingelassen habe, auf das mit menschlichen Begriffen "Nichtidentische" *(Theodor W. Adorno).*

Was Hegel den "objektiven Geist" nennt, ist ja noch humanistische Kulturleistung, das Ensemble objek-tivierter Wesenskräfte der vergesellschafteten Gat-tungsgeschichte. Aber die Natur nicht als Produkt menschlicher Projekte — wenngleich als Resultat göttlicher Pläne — ist die eigentliche Herausforde-rung für jeden "objektiven Idealismus", den Wilh. Dilthey zu den philosophischen Grundtypen zählte. Erkennt das menschliche Bewußtsein sich wieder in der von Gott und nicht von dessen Ebenbild ge-schaffenen Natur, sofern das Menschenkind und Mutter Natur beide Geschöpfe Gottes sind, der sie bis zu einem gewissen Grade aufeinander hinge-ordnet hat? Für Hegel wie für alle Metaphysiker vor ihm sind menschliche Gedanken in der Natur nur wiederzufinden, soweit Gottes Gedanken als Grundmuster in der Natur wie im menschlichen Kopf wiederzufinden seien und nicht, soweit die Natur ein menschliches Kulturprodukt geworden sei.

Ohne die Idee eines *göttlichen Geistes* bräche das Konzept der Natur als "Anderssein des Geistes" in sich zusammen. Der menschliche Geist würde die eigenen Bestimmungen in der vorgefundenen Natur sei es noch so chiffriert überhaupt nicht wiedererkennen, wenn er nicht Geist vom Geist ihres gemeinsamen Schöpfers wäre. In dem historischen Augenblick, in dem Gott für den Menschen gestorben ist nicht nur im christlichen, sondern vor allem im atheistischen Sinne, emanzipiert sich auch die Naturphilosophie, die zur "Philosophie der Naturwissenschaften" wird, von allen Versuchen, in der Natur einen noch anderen Geist als den der Mathematiker auch nur zu suchen. Die systematische Gleichheit von menschlichem Geist und außermenschlicher Natur verkommt zu Systemen mathematischer Gleichungen. Mit Einstein und Heisenberg siegen über Newton aber nicht wieder Goethe und Schelling, Hegel und Schopenhauer.

Und wo die Naturwissenschaften die pure Objektivität der Naturerkenntnis ganz monopolisieren, bleibt der Naturphilosophie, wenn sie nicht nur deren Grundbegriffe und Methoden wissenschaftstheoretisch reflektieren will, nur wenig objektiver Sachbezug übrig. Auch und gerade Hegels Philosophie des geistfernsten Teils der Realität verfällt heute dem Verdikt "verwilderter Subjektivität" auf der Basis eines weltgeschichtlich längst überholten Naturwissens, und idealistische Spekulation auf den gottmenschlichen Geist der Natur entlarvte sich vor dem Forum positivistischer Wissenschaftstheorien als romantische Phantasterei, die nicht einmal mehr einen verifikationswürdig heuristischen Hypothesenwert für sich beanspruchen darf.

So gilt der zweite Teil der "Enzyklopädie" von 1830 heute allgemein als der strukturschwächste Teil des Hegelschen Systems, das schon bald vor den Physikern als ebenso subjektiv verschrien war wie Schellings Analogiedenken vor Hegels vermeintlich objektiveren Bemühungen. Der Neophänomenologe *Hermann Schmitz* wird nicht sehr viel Widerspruch ernten, wo er Hegel unrehabilitierbar scheitern sieht in seiner naturphilosophischen "Realdialektik" und auch heute noch glänzen sieht in der geschmeidigsten "Standpunktdialektik", welche auch die unverträglichen Überzeugungen in unseren Weltbildern und Gesinnungen "verbackt" und entwicklungsfähig integrieren kann, wie vor allem im „großartigen" zweiten Band der ästhetischen Vorlesungen. Wenn aber Hegel die von ihm verhöhnte "romantische Subjektivität" nach heutigen Maßstäben weniger in einem wissenschaftlichen System "aufhob" als sie unüberbietbar vollendete, dann ist seine Naturphilosophie in der Tat zwar vor dem Richterspruch der mathematischen Naturwissenschaftler so wenig zu retten wie Goethes Farbenlehre vor Newtons Optik, aber doch in einem von Hegel noch unvorhersehbaren Sinne dialektisch aufhebbar, also zu de(kon)struieren und auf anderer Ebene zu reverifizieren. Das "Anderssein des Geistes" als rekonstruierbar Unbewußtes im menschlichen Bewußtsein findet interessante Parallelen erstens in Jean-Paul Sartres "existenzieller Psychoanalyse" von objektiven Wesensqualitäten, die nur von subjektiven Lebensprojekten "enthüllt" werden, und zweitens auch in der metaphysisch fundierten "Realontologie" der christlichen Naturphänomenologin *Hedwig Conrad-Martius* (1888-1966), welche Resultate der moderneren Physik und Biologie nicht transzendental-idealistisch, sondern eher lebensweltlich "realistisch deuten" wollte.

Was sich an den "primären Sinnesqualitäten" und an ihren funktionalen Relationen nicht noch einmal auf das mathematisch gut Manipulierbare reduzieren läßt, die harte "Prosa der Welt", wird an den unquantifizierbar "sekundären Sinnesqualitäten" in einen eigens dafür reservierten Seelen-Container heute abgelagert als "bloß subjektive Poesie des Herzens". Was in mathematisch bequem erfaßbare und praktisch kombinierbare Merkmalsgruppen nicht eingeht, gilt auch schon als Marginalität oder unsachbezogene Redundanz. Was haben sie nun gemeinsam, die üppig konfigurierbaren acht Wesensgrundqualitäten im altchinesischen "I-Ging",

die von Sartres *existenzieller Psychoanalyse* aufge-
deckten Objektqualitäten, die von Hegel als bloße
Selbstentfremdungsformen des Geistes begriffenen
Naturphänomene und die aus den „metaphysischen
Urpotenzen" je und je rausaktualisierten physischen
Dinge bei Conrad-Martius?

Philosophen pflegen auch die Naturerscheinungen
als spezifische Produkte dualistischer Grundprinzipien zu deuten. Die wirkmächtigen Ur-Antagonis-
ten, aus deren gegensinnigem Zusammenspiel alles
Seiende erstellt sei, sind z. B. bei Hegel ideeller Allgemeinbegriff und reales Einzelobjekt, bei Sartre
ein recht hegelianisches An-sich-sein und bewußtes
Fürsichsein (allerdings ohne ein mögliches Anund-
fürsichsein), bei H. Conrad-Martius eine "archonale
Selbstenthebungspotenz und eine hyletische Selbstversenkungsdynamis". Die Term-Paare sind nicht
synonym oder gar eindeutig aufeinander abbildbar,
aber auch nicht einander heterogen.

Was Sartres Existenzialanalytik durch individualsub-
jektivistische Aktionen an objektiven Wesensqualitäten der Dinge "enthüllt", z. B. das Klebrige, Kom-
pakte, das Körnige, Glatte, Poröse, Schleimige,
findet partielle Entsprechungen in Hegels Naturdialektik, wo sie etwa die Elemente Feuer, Wasser,
Luft und Erde apriorisch rekonstruieren will, Lichtes
und Schweres, Warmes und Lautes, Trübes und
Durchsichtiges, Riechendes und Farbiges, Kristalli-
nes, Elektrisierendes und magnetisch Anziehendes

etc. Immer geht es dort um quantitativ und qualitativ je besondere Konstellationen von Subjekt und Objekt, Bewußtem und Unbewußtem, Idealität und Individualität, Begriff und Realität, jeweils nach Kontextstufe sinnreich variiert.

So ließe sich noch Hegels Naturmetaphysik, wo sie die Naturwissenschaften nicht länger spekulativ überhöhen will, paradox gerade für Kierkegaards existenzielle Kritik an jeder „weltgeistigen" Allgemeinheit durchaus erneut fruchtbar machen. Wer diese Naturmetaphysik als eine Existenzielle Psychoanalyse der menschlichen Natur liest, rettet einen Gutteil ihres Reichtums *vor* jedem naturwissenschaftlichen Fortschritt und *für* eine moderne philosophische Anthropologie. Sartres Urkonzept der Enthüllung objektiver Naturqualitäten als bloße Korrelata von subjektiven Aktionsprojekten hat nun eine gewisse Analogie zu Hegels Subjektivierung aller Natursubstanzen als Objektivierung der Begriffe. Die erzchristliche Versöhnung von Idealität und Realität bei dem Protestanten Hegel hat dann allerdings kaum eine Entsprechung beim Atheisten Sartre, der die Selbstvergötterung des Menschen für so unrealisierbar wie umgekehrt die Menschwerdung Gottes für überflüssig hält. Was für Hegel christologisch immer schon geschehen ist an "An-und-für-sich-sein", scheitert prinzipiell für Sartre, der phänomenologisch ewig im Kreise alternativer Theaterrollen und einander ablösender Existenzkampfstellungen von *Pour-soi* und *En-soi* läuft.

Wie Sartre seine existenzielle Psychoanalyse bevorzugt an Schriftstellern (wie etwa Baudelaire, Genet, Mallarmé, Flaubert) zelebriert hat, weil der linke Existenzialismus ohnehin weniger eine politische Philosophie als eine philosophische Ästhetik darstellte, so könnte auch Hegels Naturphilosophie heute mit Gewinn die Rolle einer Theorie eher der Naturpoesie als der Naturwissenschaft spielen und die psychologische Grundlegung einer Ästhetik verfeinern. Damit würde diese Naturdialektik in die Anthropologie zurückgeholt, auf die der Idealist Kant seine philosophischen Grundfragen ohnehin reduzierte, und in die Geisteswissenschaften zurückgeholt, von der sie sich, will man den Physikern glauben, ohnehin niemals weit genug entfernt hatte, so daß der menschliche Geist das "Andere seiner selbst", die Natur, an ihm selber hat und sogar „an ihm selbst ist", was laut Dieter Henrichs Rekonstruktionsversuch die dialektische Grundoperation darstellt.

Die Standpunkte, die das Subjekt zu Phänomenen der äußeren und seiner eigenen Natur affektiv, volitiv und kognitiv einnehmen kann, können einander widersprechen und dennoch tolerieren, was in der physikalischen Natur ja schwerlich möglich wäre, und müssen sich über sich hinausentwickeln, indem sie relevante Etappen geregelt durchlaufen.

Wenn diese erzidealistische Naturspekulation in den "objektiven Geist" der kollektiv diskutablen Kultur neu eingegliedert würde, entfiele der nicht zu gewinnende Wettlauf mit der Naturwissenschaft, ohne der subjektiven Willkür und Beliebigkeit zu verfallen, die Hegel an den romantischen Dichterdenkern so mißfiel und fürchtete. Was er an Naturphänomenen rational rekonstruieren wollte, wäre dann nur eine etwas genauere Explikation dessen, was die "natürliche Seele" im anthropologischen Teil seiner "Phänomenologie des Geistes" ("Enzyklopädie der philosophischen Wissenschaften", 1830, Band III) empfindet und wahrnimmt.

Was bei Sartre freie existenzielle Zukunftsprojekte sind, in deren Beleuchtung reale Objekte und ihre Wesensqualitäten erst auftauchen, ist bei Hegel die ebenso „freie Selbstentwicklung" des gottmenschlichen Geistes durch unvereinbare Verstandpunkte hindurch. Die existenziell psychoanalytische Lektüre der Naturdialektik (als Abfall der Vernunft von sich selbst) würde Kierkegaards existenziellen Aufstand gegen die "vernünftige Allgemeinheit" des Zeit- und Weltgeistes schon ein ganz gutes Stück weit demotivieren können.

Bei Conrad-Martius (im weiteren nur abgekürzt: HCM) wird aus "Untergründen und Übergründen" das Reale erst konstituiert, das für Hegel und Sartre schon fertig vorgegeben ist, aber herausaktualisiert wird es bei HCM aus "höheren" und "tieferen" Urpotenzen, die für Sartre und Hegel schon als fix und fertiges Sein und Bewußtsein figurieren. HCM sah die Materie selbst so "ek-statisch" strukturiert wie die Existenzphilosophen nur den Menschen, aber auch Hegel beschreibt ja die außermenschliche Natur nur, soweit in ihr der geistige Begriff schon heraufdämmere.

Die *Analogia entis* waltet nicht nur theologisch zwischen Schöpfer und Geschöpf, sondern evolutionstheoretisch auch zwischen der grünen und menschlichen Natur. Die "selbstüberschreitende" und die selbstdifferente Bestimmung findet HCM bereits in jeder unbelebten Natur am Werk, und doch scheint das ein anthropologisches Konstrukt, welches nur anthropomorphistisch von der inneren auf die äußere Natur projiziert wird, ohne sich selber ganz zu durchschauen.

Dieses noch bei heutigen Kosmologen wie Stephan Hawking fruchtbare "anthropische Prinzip" der Naturforschung ist ein „hermeneutischer Zirkel", den auch W. Heisenberg in subatomarer Naturerkundung so arbeiten sah, daß wir mikrokosmischen Wesen in der submikrokosmischen Natur "nur uns selber begegnen", also lediglich den Korrelaten unserer naturverhörenden Versuchsanordnungen, sobald diese in die Größenordnungen ihrer Untersuchungsobjekte kommen.

Interessant sind besonders die ersten Paragraphen von Hegels Naturphilosophie, in denen der geistfernere Anteil an anorganischen Massen und Elementen noch am höchsten ist (und - wie laut Sartre passager in der sexuellen Wollust - das An-sich noch über das Für-sich siegt, indem das Bewußtsein "im Sein versinkt und verklebt"). Das "materielle Immaterielle" des Lichtes vereinigt bereits wie ihr gemeinsamer Schwerpunkt, der außerhalb von ihnen liegen kann, die raumzeitlich verstreut auseinander liegenden Dinge. Sartre sah umgekehrt im raumstiftenden Selbstabstand des Bewußtseins ein geradezu menschliches Spezifikum. Die Schwerkraft zieht nun bei Hegel ganz anders als bei HCM die Massen schon ganz ähnlich zusammen, wie die Seele die „membra disiecta" des Leibes und der Oberbegriff seine Objekte integriert. Das geistferne "unendliche In-sich-sein des Massenhaftigen" (HCM) deutet Hegel als entfremdete Form geistiger "Innerlichkeit", und das lumen naturale der Vernunft ist so wenig erfahrbar, daß es Erfahrung nur erst möglich macht, ganz ähnlich wie das Licht unsichtbar sei, soweit es anderes überhaupt erst sichtbar mache.

Hat HCM das Wesen leiblicher Regungen nur projiziert auf das Wesen materieller Körper, also das Lebewesen auf das Wesen des Unbelebten? Schon der Term "massenzentrierendes Hinter-sich-zurück und Unter-sich-hinweg" bei HCM erinnert an die "personale Regression" auf "leibliche Enge" bei dem Affektphänomenologen Hermann Schmitz, und das "selbsttranszendierende Über-sich-hinaus und Aussich-heraus" (HCM) läßt denken an die "personale Emanzipation" zu "entfalteter Gegenwart", die das

Weite aus leiblicher Enge suche. Es ist ganz so, als würde HCM auch die anorganische Körperlichkeit ähnlich beschreiben wie Hermann Schmitz nur die menschliche Leiblichkeit. "Leibliche Engung" entspräche da der "hyletischen Selbstversenkung" und "leibliche Weitung" einer "einräumenden Selbstenthebung". "Privativ schwellende Weitung" koppelt sich dort von der "simultan konkurrierenden" "leiblichen Engung" ähnlich ab wie „reine Selbstenthebung" von der "massenhaften Selbstversunkenheit".

Die gleichsam "manisch" privative Selbstenthebung wird durch keine quasi "depressive" Engung gehindert, lichthaft zu verstrahlen oder diffus zu zerstreuen, und holt keine Portion "Weltstoff" aus dem "Ungründigen" herauf, um daraus materielle Dinge zu formen. – Eine "privative Engung" (H. Schmitz) wäre bei HCM eine privativ abgespaltene "Selbstversenkung", die durch keine quasi hypermanische "Selbstenthebungspotenz" daran gehindert würde, in der zentrierten Singularität der eigenen bodenlosen Untiefe wie in einem „Schwarzen Loch" auf Nimmerwiedersehen zu verschwinden. Beide "Seinskräfte" verhindern im "privativen" Status die reale Erstellung stabil konkreter Dinge.

Der Naturidealist Hegel und die drei Phänomenologen HCM, Sartre und Hermann Schmitz verfolgen sehr unterschiedliche Ziele mit unterschiedlich gedeuteten Methoden und Ansätzen, aber die Relationen zwischen ihren dualistischen Grundprinzipien haben gut analoge Strukturmerkmale, die es wohl wert sind, mal hervorgehoben zu werden. Conrad-Martius fällt aus dieser Reihe heraus nur durch ihr naturphilosophisches und erzmetaphysisches Grundinteresse, aber diese Besonderheit schwächt sich wieder ab, wenn man mitbedenkt, daß ihre realontologischen Grundbegriffe auch eigentümlich psychische Valeurs unwillkürlich assoziieren lassen. Wie Heidegger es häufig abgewehrt hat, seine doch ontologisch gemeinten Begriffe "vulgär ontisch" fehlzudeuten, so warnt auch HCM immer wieder davor, ihre nur "transphysisch" gemeinten Konstrukte platt physisch und empirisch mißzuverstehen. Aber die terminologisch zugerichteten Begriffe können, um überhaupt verständlich zu bleiben, ihre metaphorisch "vulgäre" Herkunft aus der alltäglichen Umgangssprache niemals ganz abstreifen. "Sachbesessen" nannte sie sich, doch diese Sachlichkeit ist nicht zuletzt nur ein "tua res agitur", und der Leser kann glücklich sein, wenn auch seine Sache dort gleich mitverhandelt wird. "Ek-statisch" strukturiert ist eben nicht der Mensch wie die Materie, sondern die Materie wie der Mensch.

Die "personale Regression" auf "primitive Gegenwart" der "leiblichen Enge" verhält sich beim Gefühlsphänomenologen *Schmitz* zur numerisch zählbar "entfalteten Gegenwart" wie die "hypokeimenale Selbstversenkungsdynamis" ("absolute Schwere") zu der "peraiounischen Selbstenthebungsdynamis" des Lichtes der Vernunft bei *HCM,* wie auch die

Schwerkraft der trägen Masse zum raumzeitlichen "Auseinander" aller toten Massenpunkte bei *Hegel* und wie *Sartres* Absturz ins opak leibhaftige An-sichsein, das uns stets "zuviel" sei, zur Erhebung ins freie Bewußtsein des aktionistischen *Fürsichseins*.

Die Schwerkraft, die eine Masse zu ihrem externen Schwerpunkt drängt, deutet Hegel im Gegensatz zu HCM nicht als ein Wesensmerkmal seiner geistfern "zentrierten Massenhaftigkeit", sondern als ein erstes Anzeichen von einheitsstiftender Idealität inmitten aller Realitäten. Im massenzusammenziehenden Gravitationszug zum materiellen "Insichsein" wird Hegel bereits einer materiellen Vorform von geistiger "Innerlichkeit" inne, während die potentiell unendliche "Repulsion" der Materie zum Neben- und Nacheinander, die "Zerstäubung" in unendlich viele unendlich kleine Individuen und Raumpunkte gleichsam das geistlos Natürlichste an der Natur sei.

Hegel begreift wie Aristoteles das Ganze der „individua ineffabiles" als eine apeirische Urnatur und als eigentlichen Gegenpol geistiger AllgemEinheit. Alles, was die zerstreuten Individuen verbinde, und sei es nur ihre Eigen-Schwerkraft, erinnert ihn schon an den integrativ vergleichenden Allgemeinbegriff, unter den das wimmelnd Zahllose fällt. Nach dem Gewicht ist es dann näher das alles offenbarende Licht, in das alles getaucht sei, das Hegel als identifizierendes (und HCM als unendlich verstreuendes) Geistprinzip versteht.

Licht und Gewicht vereinigen in der "Realdialektik" schon vorbegrifflich, was Raum und Zeit dann zu allen "apeirischen" Individuationen unendlich zerstreuen. Auch HCM sieht im Lichthaften und Massenhaften metaphysische Urpotenzen und nicht nur empirische Objekte wie Lichtwellen und Korpuskeln, die aus „Überhelle" und „Unterdunkel" durch ein Zusammenwirken dieser Urkräfte allererst erstellt werden. Hier sei es die rein ontologische *Selbstenthebungsdynamis*, die alles zerstreue und erst den „prämetrischen Raum" einräume, und die „transphysische Selbstversenkungskraft", die alles zentrisch zusammenlaufen lasse. Aber unendliche Diffusionskräfte seien beide. "Die eine Potenz ist unerschöpflich enthebend oder zerstreuend, die andre unerschöpflich versenkend oder zentrierend." (HCM : "Der Raum", München 1958, S. 97 f.)

"Bei dem zentrisch Geeinten gibt es überhaupt keine zwei "trennbaren" Punkte. Es stellt, wenn man so sagen darf, seinsdynamisch die bis ins Unendliche gehende "Identität" dar. Bei dem *peripherisch peraiounischen* "Außer-sich-selbst" gibt es hingegen keinerlei zu vereinigende Punkte ... Es ist unmöglich, von einem zum anderen zu gelangen, weil es über einen unendlichen Horizont hinüberginge ... absolute Diskontinuität ... Alles ist ins Unendlich außerhalb von Allem ... Alles bildet ein "Jenseits" zu Allem." (a.a.O., S. 105 f.) Jede der beiden sei ein "diffusivum sui, unerschöpflich, im Geben und Wirken niemals abnehmend." (a.a.O., S. 106)

Dieses vag Diffuse des "unerschöpflichen Gegenstandes" hat auch Hermann Schmitz immer wieder detailliert untersucht und beschrieben.

Er sieht eine *"chaotische Mannigfaltigkeit",* also eine aktuale „Unentschiedenheit hinsichtlich Identität und Verschiedenheit", in "vielsagenden Eindrücken" und in "personaler Regression" auf die "leibliche Enge" beim "affektiven Ergriffensein", HCM das *Chaotische* hingegen in innerer Schwerkraft, unter deren Druck, wenn keine gegensinnige "peraiounische Selbstenthebung" das verhindert, schon das Unbelebte in der Untiefe seiner eigenen ganz zusammengeklumpten Singularität versinkt und "sich selber unendlich untersteigt".

"Das Apeiron gliedere sich in Chaos und Peraioun. Das Peiron (metrischer Raum, R.F.S.) sei nur transzendental-imaginativ. Das Chaos ist immer und überall, weil wesenhaft in sich hinein. Das Peraioun seinerseits ist immer und überall, weil wesenhaft über sich hinaus. Es ist der Übergrund, die Unleere schlechthin." (a. a. O., S. 102). "Aus Versenkungsdynamis und Enthebungsdynamis konstituiert sich in Realsynthese die konkrete Materie." (a. a. O., S. 104) "Sie ist als solche unermeßlich über sich hinaus, aber hierin ebenso unergründlich in eins." (a. a. O., S. 93)

"Raum und Materie sind unendlich aus sich heraus. Sie ist aber auch unendlich in sich hinein." (a.a.O., S. 97) Dieser formalen realontologischen Struktur entspricht bei Schmitz das anthropologische Konzept der personalen Biographie aus dem nuancenreichen Zusammenspiel von Regression und Emanzipation oder von leiblicher Engung und Weitung. Bei Hegel vereint der Geist im Begriff, was die Natur in Raum und Zeit zerstreut, während nur bei HCM allein die "zentrierte Massenhaftigkeit" "verinnerlicht", was die lichthaft zerstrahlende "reine Selbstenthebungsdynamis" "veräußerlicht", und bei H. Schmitz "entfaltet" sich zu Hier und Jetzt, Diesem und Jenem, Sein und Nichtsein, wie bei "numerisch zählbaren" Blütenblättern, was bei den Tieren, Babys und Idioten noch knospenhaft verschmolzen ist oder in Angst und Schrecken, auch in Weinen, Jähzorn oder Albernheit, wieder in "chaotische Mannigfaltigkeit" versinkt.

Was an Integration bei Hegel das kognitive Begreifen – oder dessen naturliche Vorform in Licht und Gewicht – leistet, das vollbringt bei H. Schmitz im Gegenteil das "affektive Ergriffensein", dessen Eindrücken der Begriff nur "nachleuchten" könne. Solcher "primitiven Gegenwart", dem jähen Abreißen der kontinuierlichen Dauer des Dahindösens, entspricht bei Sartre das stets drohende Versinken des Bewußtseins im An-sich-sein und bei HCM die gequantelte Diskontinuität "hüpfender Realzeit".

Jean-Paul Sartre genießt das "reine Bewußtsein" als transzendierende Freiheit vom Kontinuum des An-sich-seins, als einen ontologischen Interruptus, und den Verstand als raumschaffenden Abstand von seinem Gegenstand. Das Bewußtsein sei nichts als permanentes Sichlosreissen vom Sein (samt seinem eigenen). Auch HCM sieht im Ego cogito die geistige Selbsttranszendenz aus dem Weltzentrum heraus und Schmitz die Besonnenheit als personale Emanzipation von "affektiver leiblicher Engung".

Der *Raum* ist für Hegel der äußere Sinn für "reines Auseinander" als Individuationsprinzip der noch unbegriffenen Verschiedenheit, für Sartre primär der Selbstabstand des sich permanent transzendierenden Cogito, für HCM aber *unter* dem "transzendental-imaginativen Kontinuum" des prämetrischen Raumes ein undurchmeßbar „apeirisches Diskontinuum" aus purem transphysischem "Insichhinein" und "Aussichheraus", für Schmitz schließlich primär ein von "randlos ergossenen Atmosphären" überwältigter "Gefühlsraum" bzw. ein "Weite- und Richtungsraum vom absoluten Ort des Leibes weg".

Die *Zeit* ist bei Hegel der innere Sinn für reines "Außereinander", die reine „Negativität des Sichverzehrens", bei Sartre primär der Zukunftsentwurf, welcher Gegenwart und Vergangenheit erst konstituiere, bei HCM primär eine diskontinuierlich hüpfende "Seinsbewegung" an der jeweiligen "Weltfront der Augenblicksjetzte" entlang und bei Herm.

Schmitz primär eine "vom Hof der Protentionen und Retentionen umgebene primitive Gegenwart", die die Vergangenheit aus sich „verabschiede" und in hereinbrechenden Affektstürmen plötzlich oder panisch ein kontinuierliches Dahindämmern chaotisch oder „instabil" unterbreche.

Bewegte physische Körper werden bei HCM erst aus ihren "transphysischen Ermöglichungsgründen" je und je gequantelt "herausaktualisiert", bei Hegel aber durch eine raumzeitliche "Repulsion" zerstreut und durch Licht bzw. Gewicht wiedervereinigt. Bei H. Schmitz sind sie primär in Gefühlen und Erregungen erspürte Leiber jenseits der anatomisch objektivierbaren Körper, vital schwingend zwischen "epikritischer Spannung" und "protopathischer Schwellung", zwischen Engung und Weitung, die einander manisch-depressiv abwechseln oder sich schizophren voneinander abspalten können. Bei Sartre ist der physische Körper primär das nur "kontingente Ansichsein", von dessen "überzähliger" Klebrigkeit das menschliche Bewußtsein sich notwendig befreie und für die Dauer von Affekten gelegentlich wieder "verschlingen" lasse.

Das abgründig Unheimliche der Welt sah Schmitz in dem die Besonnenheit ständig bedrohenden Absturz in "personale Regressionen", HCM hingegen nicht nur in dieser Selbstversunkenheit, sondern auch in der ebenso *trans*physischen, wenngleich nicht psychisch gemeinten "Untiefe" einer eher verstiegenen

Selbstenthobenheit, Sartre aber wie Kierkegaard im "Schwindel der Angst vor der eigenen Freiheit" *von* allem und *für* alles, also in einer "entfremdeten Subjektivität" (Schmitz) reflexiver Emanzipationen von allen subjektiven Fakten und der Abstraktion von allen objektiven Fakten.

HCM und H. Schmitz, der Natur- und der Affekt-phänomenologe, gehen beide hinter Kant zurück auf Aristoteles und ziehen den Erinnerungen und Erwartungen die jeweilige Gegenwart vor, während ein Sartre den Zukunftsplan und ein Hegel das Gewesene wesentlicher finden. "Privative Engung und Weitung" (Herm. Schmitz) sind formal leiblich, was materiell "chaotisches Insichhinein" und "archonales Übersichhinaus" (HCM) sind. Der physische Körper steht ja zwischen ontologischer Selbsttranszendenz und Immanenz (HCM) wie der genuin menschliche Leib zwischen kognitivem Begreifen und affektivem Ergriffensein (Schmitz), die menschliche Existenz zwischen "Selbstüberschreitung" und "Geworfenheit" (Sartre) oder zwischen "Selbstentäußerung" und "Selbsterinnerung" (Hegel). Wie erst Sartres Zukunftsentwurf der Aktion die gegenwärtigen und vergangenen Objekte sichtbar machen kann, so macht auch eine "archonale Selbstübersteigung" allererst leibhaft offenbar, was in der "hypokeimenalen Selbstuntersteigung" (HCM) quasi nur dämonisch verschlossen liegt. Und auch die individuellen Selbstobjektivationen realisieren erst, was in Hegels abstrakt "ansichseiendem" Begriff impliziert war,

wie auch bei Schmitz die personale Emanzipations-
leistung erst an abzählbarer Vielfalt entfaltet, was in
der "primitiven Gegenwart" der Affektbetroffenhei-
ten "chaotisch eingeschmolzen" ist (H. Schmitz). –
"Dieser Teil ist der schwierigste in der Natur,
denn er enthält die endliche Körperlichkeit."
(Hegel : "Enzyklopädie", § 273)

Eine HCM entdeckt das auszeichnend spezifisch
Menschliche eben nicht wie Heidegger und Sartre
schon im "existenziellen Sich-vorweg-sein", das sie
umgekehrt bereits im materiell Anorganischen vor-
findet, sondern eher darin, daß dieses reine "Übersichhinaus" nur im Menschen noch einmal über sich
hinausgesetzt und ihm darin zugleich grundsätzlich
entzogen sei, obwohl er "bei sich" ist. Schon das
Tier fühle "sich", aber erst der Mensch sage "ich":
"Auch dem Menschen, wie jedem animalischen
Wesen, kommt eine Sichheit zu, insofern er mit
seiner selbsthaften Subjektivität hinter seiner kör-
perlichen Ausgestaltung steht. Dadurch erst wird die
körperliche Ausgestaltung zu einer wahrhaften
Leiblichkeit. Aber erst beim Menschen ist die Sich-
haftigkeit dem Selbst noch einmal zurücküberant-
wortet. Dieser Sachverhalt wurde "zweite Retros-
zendenz" genannt." (Hedwig Conrad-Martius : "Die
Geistseele des Menschen", München 1960, Seite 10)
"Die Zurückversetztheit des personalen Ichs hinter
sich selbst stellt eine unendliche "Untiefe" dar, in der
sich dieses Ich selber seinsmäßig nicht mehr findet."
(1. c., S. 11)

Hegels "philosophische Anthropologie" liegt noch vor seiner "Phänomenologie des Geistes" im "subjektiven Geist" der "Enzyklopädie" von 1830. Der höchste Punkt der "natürlichen Seele" sei die sinnliche Empfindung (§ 399), die "schlechteste Form des Geistigen", die es mit der "noch nicht durch sie hervorgebrachten, sondern nur von ihr vorgefundenen" Natur zu tun hat, soweit diese durch die Sinne mit der menschlichen Natur vermittelt wird, obwohl durch Denken "der Mensch sich vom Vieh unterscheidet, und daß er das Empfinden mit diesem gemein hat." Hegel fordert hier schon so etwas wie eine Psychosomatik : "Das System des inneren Empfindens in seiner sich verleiblichenden Besonderung wäre würdig, in einer eigentümlichen Wissenschaft, einer psychischen Physiologie ... abgehandelt zu werden." (a. a. O., § 401)

Das Licht im Gesicht sei der "physikalisch gewordene Raum" : "Das Licht manifestiert Anderes, dies Manifestieren macht sein Wesen aus; aber in sich selber ist es abstrakte Identität mit sich, das innerhalb der Natur selber hervortretende Gegenteil des Außereinanderseins der Natur, also die immaterielle Materie. Darum leistet das Licht keinen Widerstand ... ist es absolut leicht ... Wir verhalten uns dabei zu den Dingen gleichsam theoretisch, noch nicht praktisch." – "Der Ton ist das Zeitlichgesetztwerden der Körperlichkeit, die Bewegung, das Schwingen des Körpers in sich selbst, ein Erzittern ... " Für den Geruch "gehen die Körper durch ihre eigene Natur unter, verzehren sie sich selber ... Prozeß des stillen, unmerklichen Sich-verflüchtigens aller Körper, das Verduften ... " Hegel untersucht den Geschmack des "Süßen, des Bitteren, des Kalkigen, des Saueren und des Salzigen". – "Überhaupt ist das (Tast-)Gefühl das materielle Fürsichsein ... nicht nur das Gewicht, sondern auch die Art der Kohäsion – das Harte, das Weiche, das Steife, das Spröde, das Rauhe, das Glatte, Elastische", also jene Objektqualitäten, die Sartres „existenzielle Psychoanalyse" als spezifische Konstellationen von *Ansich* und *Fürsich* interpretiert und die das altchinesische "I-Ging" als Konstellationen von "Yin" und "Yang" versteht.

Die 64 Hexagramme des "I Ging" entstehen aus acht mal acht Trigrammen (geistige Urbilder, Ideen, in Analogie zu Naturbildern):

Gen / Berg / Saturn / Stillhalten, Anhaltendes

Kan / Wasser / Mond / Westen, Herbst, Abend / melancholisch Dunkles, Tiefes, Abgründiges

Sun / Holz / Jupiter / Sanftes, Eindringliches

Kien / Himmel, Luft / Sonne / Süden, Sommer, Mittag / sanguinisch Schöpferisches

Dui / See / Venus / Heiteres

Li / Feuer / Merkur / Osten, Frühling, Morgen / cholerisch Helles, Klares, Haftendes

Dschen / Donner / Mars / Bewegendes, Erregendes

Kun / Erde / Erde / Norden, Winter, Nacht / phlegmatisch Empfangendes, Hingebendes

Diese acht Wesensgrundzüge haben gleichzeitig sub-jektive und objektive Bedeutung aus der Entsprechung zwischen Vatergott und Mutter Erde, zwischen dem Himmel (männliche Yang-Realität) und der Erde (weibliche Yin-Ordnung).

Die vier Grundelemente blieben bei Aristoteles laut HCM noch physisch-metaphysisch zweideutig: „"Feuer" (entspräche) dem *Superätherischen* bzw. dem *Peraioun* (als Elementardynamismus), "Luft" dem Superäther (als Vollelement), "Wasser" dem *Subäther* bzw. der *Masse* (als Vollelement), "Erde" dem *Subätherischen* bzw. dem *Massenhaften* (als „chaotischem" Elementardynamismus)."
(HCM : "Der Raum", a. a. O., S. 186)

Es verhält sich Feuer zu Luft wie Erde zu Wasser oder Erde zu Feuer wie Wasser zu Luft. Hegel sieht darin *nicht* transphysische Potenzen, sondern immaterielle Materie : "Die Luft ist das ... passive Licht, überhaupt das Allgemeine als passiv gesetzt ... Das Wasser ist ... das passive Sein-für-Anderes, während das Feuer aktives Sein-für-Anderes ist ... Die Luft ist ein schlafendes Feuer", die Erde das "allgemeine Individuum".

Man kennt Zenons Paradox : Jede endliche Strecke ist gewöhnlich durchmeßbar und doch auch "eigentlich" gar nicht durchmeßbar, sofern sie unendlich teilbar ist. HCM zitiert zustimmend einen Alexandre Koyré, wo der über das paradoxe Kontinuum spricht: "Es ist sozusagen die Andersheit an sich selbst ... Man kann es nicht zählen und nicht messen. ... es ist eine nicht einige Einheit und ein nicht vielfältiges Vielfaches. Es ist das wahre *me on,* das Chaos ohne Grenze und Zahl ... dieses Bastardwesen." ("Der Raum", München 1958, Seite 67 f.) Auch Schmitz spricht von der "chaotischen Mannigfaltigkeit des Kontinuums gleitender Dauer und Weite" ("Neue Grundlagen der Erkenntnistheorie", Bonn 1994, S. 160) und von der "binnendiffusen Stetigkeit des Kontinuums als "Medium freien Werdens" " (a.a.O., Seite 320). Für HCM ist die objektive Realzeit diskontinuierlich gequantelt und das passierbare Raumzeitkontinuum nur "transzendental-imaginativ". Also nur subjektiv verbinde unsere Einbildungskraft, was in jedem Hier und Jetzt aus unendlichen Unter- und Übergründen an endlichen Körpern herausaktualisiert werde.

"Es gibt zwei Stufen der Individuation, d.h. des Gewinns von Identität und Verschiedenheit im chaotischen Mannigfaltigen. Auf der tieferen Stufe geschieht die Individuation in Gestalt der primitiven Gegenwart, die das ergossene Dahinleben und Dahinwähren zerreißt, auf der höheren durch Emanzipation des Dieses bei Entfaltung der Gegenwart. Die tiefere Stufe ist eine Voraussetzung der höheren. Erst wenn das Kontinuum der Dauerweite irgendwo einmal durchbrochen ist, kann es weit und breit der Individuation unterworfen werden." (Herm. Schmitz: "Der unerschöpfliche Gegenstand", Bonn 1995, Seite 258). "Personale Regression" holt bei Herm. Schmitz aus dem chaotisch kontinuierlichen Dahinleben urplötzlich eine "primitive Gegenwart leiblicher Enge" hervor, aus deren unabzählbar "chaotischer Mannigfaltigkeit" die "personale Emanzipation" weitere numerisch zählbare Diskontinua hervorreizt. − Formal ähnlich holt bei HCM eine ganz kontinuierlich wirkende "apeirische Selbstenthebung" aus der ebenso kontinuierlichen "apeirischen Selbstversenkung" (und diese umgekehrt aus jener) "je und je" die abzählbar diskontinuierlichen, diskreten Singularitäten an Hier und Jetzt und an den endlichen Körpern hervor (die dann nur unsere transzendentale Einbildung in ein eher subjektives Raumzeitkontinuum wieder einbindet).

Sowohl Regression als auch Emanzipation bei Herm. Schmitz wirken ebenso individuierend diskontinuierlich wie aufeinandertreffende Selbstversenkung und Selbstenthebung bei HCM, als jeweiliger "Einbruch des Neuen", hier primär körperlich objektiv, dort leiblich subjektiv.

Schmitz entfaltet gleichsam phänomenologisch subjektiv, *Conrad-Martius* phänomenologisch objektiv, was in *Hegels* Dialektik von Selbstentäußerung und Rückerinnerung, von Logik, Natur und Geist angelegt ist, aber Hegels Naturphilosophie löst auch ein gut Stück von *Sartres* „existenzieller Psychoanalyse" ein. Das ewig Metaphysische ist so wenig tot (zu kriegen) wie der Ewige selber. Das totzusagen oder totzuschweigen dürfte sich fortan als etwas voreilig erweisen. Das logisch Wahre ist so idyllisch wie das Naturschöne und der schlußsynthetische „Sabbath des Geistes" nach seiner (satirisch zu begleitenden) Weltgeschichte, über deren liberaldemokratisches Ende nicht nur Fukuyama, sondern auch *Kojève* nachgedacht hatte mit *mathématique, jeux, extases.*

Auch heutige Kosmologen würden Hegel nicht in Verlegenheit bringen. Sein Ansatz könnte ein Universum aufnehmen, das zwischen den Antagonisten Gravitation (der *Dark Matter*) und inflationärer „Quintessenz" (der *Dark Energy*) ein labiles Gleichgewicht hält, gleichsam zwischen singulärem *Black Hole* und expansivem *Big Rip*. Selbst die Paradoxien der Quantenmechanik fänden Platz in Hegels Naturmetaphysik zwischen formaler Logik und dem Weltformelsystem einer *Great Unified Theorie* (GUT), auch zwischen dem mikrophysikalischen Welle-

Teilchen-Dualismus, wo der perspektivische Beobachter das Beobachte mental mit beeinflusst, statt nur von ihm bestimmt zu werden.

Hegels Geistessystem schließt nun nicht mit Gesellschaftssystemen, sondern mit einem kontemplativen *Sabbat*, der Theokrits Naturarkadien gleichsam mit Vergil kulturidyllisch *aufhebt*. Sogar Adornos theoretische Kritik an der Wahrheit des endzeitlich großen Ganzen im Namen einer petite différence des eitlen Individuums endet im „Eingedenken der Natur" und ihrer *bestimmten Negation* der mathematisch naturbeherrschenden Gesellschaftlichkeit.

Conrad-Martius war die einzige, welche im 20. Jahrhundert *Hegels* Naturphilosophie unabsichtlich aufgriff und weiter entwickelte auf der Ebene neuzeitlicher Naturwissenschaften. Nur sie führte die Naturphilosophie bis zur modernen Kosmologie und dann metaphysisch weit darüber hinaus. *Sartre* und *Schmitz* blieben mit Heidegger gegen Cartesianer Husserl nur existenzielle oder affektsubjektivistische Phänomenologen, verbunden mit Hegel der eine über Dialektik, der andere über Ganzheitspsychologie.

Mal entfaltete sich menschlicher Geist darwinistisch aus der grünen Natur oder wenigstens aus menschlichem Leib (Schmitz), mal diese Natur auch aus göttlichem Geist (Hegel, HCM), und mal befreit sich, bei Sartre, menschliches Fürsichsein ganz aus natürlichem Ansichsein. Kann das Menschenkind die Mutter Natur und Gottvater erkennen, weil es ihnen entstammt? Freuds Psychoanalyse pointiert das als Geburt des Menschenkindes und seiner Loslösung vom Rockzipfel der Mutter Natur mit Hilfe einer Vaterfigur. Das Ich balanciere lebenslang zwischen mütterlichem Es und väterlichem Über-Ich, um die homosexuelle Fixierung auf phallisch phantasierte Mutterimagines zu beenden.

Die europäische Philosophiegeschichte kultiviert nun leider deutlich mehr verehrte Mutter- als Vaterbilder und denkt eher homophil(osophisch) als erzpatriarchalisch, da sie stärker hellenistisch als orientalisch orientiert blieb. Das jedenfalls ist ein Fazit meiner „Tiefenpsychologie der Philosophiegeschichte".

Mein aphoristisches Philosophieren hingegen lebt von der unauflöslichen Ambivalenz zwischen Leib und Seele, Gefühl und Gedanke, affektiv und objektiv, Physis und Metaphysik, Bild und Begriff, Natur und Kultur, Sein und Bewusstsein, ästhetischer Einbildungskraft und rationaler Urteilskraft, Ding und Bedingung, Mutter- und Vaterbild, Stoff und Form

(Aristoteles), Sinnlichkeit und Sinnbesonnenheit, Abbild und Idee (Platon), Ansich und Fürsich (Sartre), leibliche Engung und Weitung, chaotisch primitiver und numerisch emanzipierter Manigfaltigkeit (Schmitz), Gewicht und Licht (Schelling, Conrad-Martius), Wille und Wissen (Schopenhauer), dionysisch und apollinisch (Nietzsche), „Nichtidentisches" und Allgemeinheit (Adorno), Körper und Geist (Descartes), „Wesensschau" und Begriff (Husserl), *Ereignis* und *Gestell* (Heidegger), Kommunikationshandeln und System (Habermas), Es und (Über-)Ich (Freud), Umwelt und System (Luhmann) – und noch anderer Dualismen, von deren Verhältnis die Philosophie wesensmäßig zehrt.

„Die dem Schönen wesensmäßig eigene Distanz besteht in Entrückung aus der Enge des Leibes und verleiht ihm die Züge des Leichten, zauberisch Unerreichbaren, Seligen, den Nimbus der epikureischen Götter ..." (*Hermann Schmitz*: „Der unerschöpfliche Gegenstand", Bonn 1995, Kapitel 3.2.5)

Schönheit in Kunst und Natur

"Natur als erscheinendes Schönes wird nicht als Aktionsobjekt wahrgenommen." "Kunst ist nicht Natur, aber will einlösen, was Natur verspricht." (103) "Der stets noch idyllische Naturbegriff bliebe auch in seiner tellurischen Expansion, dem Abdruck totaler Technik, der Provinzialismus einer winzigen Insel" (107) und taugte nicht zur Verallgemeinerung. "Kunst ist ... Nachahmung des Naturschönen." "Naturschönes ist sistierte Geschichte, innehaltendes Werden" (S. 111), "unbestimmbar, darin der Musik verwandt". "Urbild des Banausen bleibt, wer gegen das Schöne in der Natur blind ist." (113) "In Kunst wird … das Unsagbare der Sprache von Natur imitiert." "Das Naturschöne ist die Spur des Nichtidentischen an den Dingen im Bann universaler Identität." (114) "Das Bild des Ältesten an der Natur ist umschlagend die Chiffre des noch nicht Seienden, Möglichen."

"Kommunikation ist Anpassung des Geistes an das Nützliche." (115) "Kunst möchte mit menschlichen Mitteln das Sprechen des nicht Menschlichen realisieren", ja, die "Sprache der Schöpfung" dolmetschen. "Ist die Sprache der Natur stumm, so trachtet Kunst, das Stumme zum Sprechen zu bringen" (121), stattdessen sinnfremde Kontingenz kontemplativ auf sich beruhen zu lassen. "Natur hat ihre Schönheit daran, daß sie mehr zu sagen scheint, als sie ist.

Dies Mehr seiner Kontingenz zu *entreißen,* seines Scheins *mächtig* zu werden ... als unwirklich auch zu negieren, ist die Idee von Kunst" (122), also doch wieder nur Gewalt? Adorno nennt die "Unabbildbarkeit des Naturschönen", das selber Bild sei, und die "mikrologische Wahrnehmung von Schönem in der Natur wohl die authentischste" (110), weil "Trost in der erscheinenden Natur vom Mythos sich entfernt" (115) (*Adorno* : „Ästhetische Theorie", FF/M. 1970). − Hegels "Klassizismus" findet in der "Dürftigkeit der Natur und der Prosa" nur "Regelmäßigkeit, Symmetrie, ferner Gesetzmäßigkeit und endlich Harmonie" wie in den Kultur-Idyllen, die er ganz ebenso wie Adorno ideologiekritisch schmähte.

"Das Elend vieler Theorien der Kontemplation rührt daher, daß ihre Verfechter nur zu gern auf dem Zimmer geblieben sind." (*Martin Seel:* "Eine Ästhetik der Natur" (Frankfurt/M. 1991 / 1996, Seite 47)

"Leidenschaft für die leidenschaftslose Betrachtung allein" (Seite 89) und zeitweiliges "Absehen von aller Relevanz erklärt das kontemplative Urteil für höchst relevant." (88) "Ein Ereignis, kein Erzeugnis" : "Je stärker die Natur von menschlichen Eingriffen durchwachsen oder aus ihnen hervorgegangen ist, desto wichtiger wird das, was an ihr Natur und nicht Veranstaltung ist ... Man kann nicht einerseits die Anerkennung des Fremden der Natur und anderseits eine totale Ästhetik des Gartens predigen." (131) − "Ästhetische Natur ist Kultur der Dis-

tanz zur Kultur" (132), "eine zuvorkommende oder
überbietende oder abweisende Antwort auf unsere
Lebensvorstellungen". "Kunst als Anti-Natur ist
Kunst einer anderen Natur." (168) "Was einmal so
schien, als wäre es eine Geßnersche oder Vossi-
sche Idylle, ist ... geworden : zu einem Ort, der nur
noch idyllisch *ist,* nicht länger wie eine künst-
lerische Idylle *scheint."* "Der englische Garten
entsteht als Nachahmung einer bei Malern wie
Lorrain, Poussain, Rosa imaginierten Natur." (176)
"Nur wo Kunst war, kann ästhetische Natur werden." (Oscar Wilde) − "Adornos Rückfall in die
klassische Nachahmungsthese ist zugleich ein Rückfall in die Metaphysik der korresponsiven Natur"
(181) : „Unerfüllbarkeit der Sehnsucht nach einer
endgültigen Sprache der Dinge." (184) Martin Seel
sagt, "daß Natur sich dem ästhetischen Sinn einmal
sinnfremd, einmal sinnhaft, einmal sinnbildlich bietet" (191), also für die "kontemplative Neutralisie-
rung", "existenzielle Involvierung" und "projektiv-
imaginative Korrespondenz". "Den Bodensee zu kon-
templieren, ihn als anmutige Gegend zu genießen,
ihn als Spiegel kunstgegebener Wahrnehmungswei-
sen zu betrachten − *zusammen* stellt das die Aufmerksamkeit für die Attraktion der Seelandschaft
dar." (192) "Entsprechend ist das naturschöne Ding
gleichzeitig sinnhafte Geste, bildsinnliches Zeichen
und sinnfremde Erscheinung." (Seite 196) Kontemplative Betrachtung werde "über die schöne Versen-
kung zur erhabenen Entrückung hinausgelockt."
(a. a. O., Seite 201).

95

"In der Idylle faszinieren uns die Erscheinungen, in der Hölle fasziniert uns unsere Empfänglichkeit für die Erscheinungen." (211) – "Ambivalenz ist die Natur der ästhetischen Natur." (212) "Natur, die mit Sicherheit schön ist, ist mit Sicherheit keine Natur." (214) – "Kulturlandschaft", "tragend-einschließende Korrespondenzschönheit", sei eine "Gegenwelt", aber nicht zu unserer Alltagswelt, sondern mitten *in* ihr. "Stadtlandschaft in vollem Sinn bildet sich da, wo eine Stadt in ihren Ordnungen aus ihren Ordnungen tritt." (235) "Wir suchen in der Natur immer auch eine Wirklichkeit außerhalb der Geschichte, wir suchen in der Kunst immer auch eine Geschichte außerhalb der Wirklichkeit." (274)

"Die (Praxis-)Abstinenz der philosophischen Theorie ist Abstinenz durch mehr oder minder extreme *Reflexion,* die Abstinenz der ästhetischen Kontemplation ist Abstinenz durch extreme *Anschauung."* (a. a. O., Seite 315)

Philosophische Kontemplation ist für Schopenhauer allerdings reine Anschauung und nicht Reflexion. "Um Element eines gelingenden Lebens zu sein, muß die theoretische Beschäftigung im Begreifen von Praxisformen liegen, denen selbst ein autonomer innerer Sinn zukommt." (315) Eine selbstzweckhaft gottähnliche Kosmos-Kontemplation, wie Aristoteles das vorzüglich dianoetisch gelingende Leben versteht, erschöpft sich durchaus nicht primär in Formen bloßer Praxisreflexion, wie es Seel in allzu großer Nähe zur konsensualistischen Habermas-Schule suggeriert, läßt man die spätere Einbettung seiner an feinen Begriffsdistinktionen reichen Naturästhetik in so etwas wie eine eudämonistische Mittelstandsethik (Kapitel VI) einmal beiseite. Seels Konzept krankt außerdem an seinem hartnäckigen, aber zeitgeistig penetranten antimetaphysischen Vorurteil, das bereits die Überzeugungskraft eines antitheistischen Affekts hat. Gegen Seels Stoßrichtung haben Adorno und Schopenhauer nämlich eher zu wenige als zu viele theologische Implikationen.

Wer sich "der Anschauung hingibt, sich ganz in diese versenkt und das ganze Bewußtsein ausfüllen läßt durch die ruhige Kontemplation des gerade gegenwärtigen natürlichen Gegenstandes, sei es eine Landschaft, ein Baum, ein Fels ... sich gänzlich in diesen Gegenstand *verliert,* d. h. sein Individuum, seinen Willen, vergißt und nur noch reines Subjekt, als klarer Spiegel des Objekts bestehend bleibt ... und man also nicht mehr den Anschauenden von der Anschauung trennen kann, sondern beide Eins geworden sind ... wenn also solchermassen das Objekt aus aller Relation zu etwas außer ihm, das Subjekt aus aller Relation zum Willen getreten ist ... In solcher Kontemplation nun wird mit einem Schlage das einzelne Ding zur **Idee** seiner Gattung und das anschauende Individuum zum reinen Subjekt des Erkennens." *(A. Schopenhauer:* "Die Welt als Wille und Vorstellung", § 34).

Man ist allzu schnell bei abstrakten Begriffen, sagt Schopenhauer, der selbst immer zu schnell bei anschaulichen Ideen ist, statt bei kontingent vergänglichen Einzelheiten kontemplativ zu verweilen.

"Darum wird auch der von Leidenschaften oder Not und Sorge Gequälte durch einen einzigen freien Blick in die Natur, so plötzlich erquickt, erheitert und aufgerichtet", aber nicht alle sind "gern allein mit der Natur; sie brauchen Gesellschaft, wenigstens ein Buch." (§ 38) Für das "willensfreie Subjekt", "ruhig, unerschüttert und nicht mitbetroffen", ist es "auffallend, wie besonders die Pflanzenwelt zur ästhetischen Betrachtung auffordert und sich gleichsam derselben aufdringt". "Versetzen wir uns in eine sehr einsame Gegend, mit unbeschränktem Horizont, unter völlig wolkenlosem Himmel, Bäume und Pflanzen in ganz unbewegter Luft, keine Tiere, keine Menschen, keine bewegten Gewässer, die tiefste Stille; — so ist solche Umgebung wie ein Aufruf zum Ernst, zur Kontemplation, mit Losreißung von allem Wollen" (§ 39). Schopenhauer schreibt, "daß auch das Unbedeutendste die rein objektive und willenlose Betrachtung zuläßt und dadurch sich als schön bewährt". Er nimmt Adorno vorweg, denn für ihn ist die Kunst eine "Antizipation Dessen, was die Natur ... darzustellen sich bemüht; welche Antizipation im echten Genius von dem Grade der Besonnenheit begleitet ist, daß er, indem er im einzelnen Dinge dessen Idee erkennt, gleichsam die Natur *auf halbem Worte versteht,* und nun rein ausspricht, was sie nur stammelt ... ihr gleichsam zurufend : Das war es, was du sagen wolltest!" – "Diese Anticipation ist das Ideal: es ist die Idee, sofern sie, wenigstens zur Hälfte, a priori erkannt ist." Schopenhauer schreibt, daß "Aufhebung des Gattungscharakters durch den des Individuums Karikatur, und Aufhebung des Individuellen durch den Gattungscharakter Bedeutungslosigkeit geben würde." (§ 45)

"Der Begriff ist abstract, diskursiv, innerhalb seiner Sphäre völlig unbestimmt, nur ihrer Grenze nach bestimmt ... durch seine Definition ganz zu erschöpfen. Die Idee dagegen, ... obwohl eine unendliche Menge einzelner Dinge vertretend, (ist) dennoch durchgängig bestimmt ... " "Die Idee ist die, vermöge der Zeit- und Raumform unserer intuitiven Apprehension, in die Vielheit zerfallene Einheit (ante rem) : hingegen der Begriff ist die, mittelst der Abstraktion unserer Vernunft, aus der Vielheit wieder hergestellte Einheit (post rem)... " (l.c. § 49)

"Außerdem ist, was den Anblick der vegetabilischen Natur uns so erfreulich macht, der Ausdruck von Ruhe, Frieden und Genügen, den sie trägt : während die animalische sich uns meistens im Zustande der Unruhe, der Not, ja des Kampfes darstellt, – daher gelingt es jener so leicht, uns in den Zustand des reinen Erkennens zu versetzen, der uns von uns selbst befreit. Auffallend ist es zu sehen, wie die vegetabilische Natur, selbst die alltaglichste und geringste, sogleich sich schön und malerisch gruppiert und darstellt, sobald sie nur dem Einfluß der Menschenwillkür entzogen ist : so in jedem Fleckchen, welches der Kultur entzogen, oder von ihr noch nicht erreicht ist, und trüge es nur Disteln, Dornen und die gemeinsten Feldblumen." *("Parerga und Paralipomena", § 213)*

Th. Voss hatte im Nachwort zu Geßners „Idyllen" den kritischen Charakter arkadischer Widerstandskraft von Hirten gegen das gesellschaftlich Bestehende der Hochkulturen zu Recht hervorgehoben.

„Mit Sicherheit war niemals ein Ideal in der Praxis so närrisch und falsch wie das Ideal der Praxisbezogenheit." *(Gilbert K. Chesterton:* „Ketzer", 1905)

„Diese Chance seliger Entlastung in privativer Weitung ... ist die Schönheit ... Die Geneigtheit des Schönen, mit der Enthebungsdistanz gegenüber der Enge die Objektdistanz gegenüber dem Subjekt zu verbinden und damit dem ästhetischen Objekt nahe zu kommen", bringt die Ästhetik bei Hermann Schmitz in greifbare Nähe zur phänomenologischen *Wesensschau* selber, welche die Sinnesqualitäten von allen realen Dingen ganz losgelöst betrachtet : „Man kann sich in der situationslosen Wesensschau durch Ausleibung einem unmittelbar sinnfällig anwesenden Absoluten ganz überlassen ... das ist das Sinnliche der Ausleibung." („Der unerschöpfliche Gegenstand", Bonn 1995, Kapitel 3.2.5, Kapitel 9.6 / 9.7)

Ist jeder sich selbst der Nächste?

„Liebe deinen Nächsten wie dich selbst."
Liebe dich selbst wie deinen Nächsten!
Das würde genügen.

Der Herzog Francois de Larochefoucauld, gescheitert als politischer Frondeur gegen den absolutistischen Autokratismus des Versailler Sonnenkönigs Ludwig XIV., schrieb im 17. Jahrhundert 500 Salonmaximen, in denen er nachwies, dass in allen vermeintlich altruistisch selbstlosen Handlungen der Menschen nur versteckte Eigenliebe, amour propre, wirksam sei, die sich aber verschämt als ihr Gegenteil maskiere und verberge. Diese kurzen, geistreich pointierten Sentenzen machten ihn zum Ahnherrn der europäischen Literaturaphoristik, die mit bissiger bis bitterer Entlarvungspsychologie das gesellschaftliche Treiben als Karneval hemmungsloser Egoismen vorführte, durch Höflichkeitsrituale gemilderte Kollision der Selbstsüchte.

Der deutsche Lebensphilosoph Friedrich Nietzsche radikalisierte zum Ende des 19. Jahrhunderts diese hochliterarische Kunst zu einem aphoristischen System von fast freudianischer Tiefenpsychologie, die z. B. selbst in hilfsbereiten Personen vor allem Egoisten sah, welche die armen Hilfsbedürftigen von herablassender Höhe aus oft nur demütigen wollen, um die eigene moralische wie materielle Überlegenheit guten Gewissens genießen zu können

Egoismus ist die beliebteste Form der Nächstenliebe und diese die unbeliebteste Form der Eigenliebe. Der mitleidlose Philosoph des barmherzigen Mitleids, der romantische Vertreter eines metaphysischen Pessimismus und einer nur hundeliebenden Misanthropie, Arthur Schopenhauer, war Nietzsches "Erzieher", aber hier wie auch in der Verneinung des Lebenswillens folgte Nietzsche ihm bekanntlich nicht. Jedoch beide, der Buddhist wie der Atheist, verachteten die "Sklavenmoral der Schlechtweggekommenen", die sie als das Wesen des Christentums missverstanden.

Natürlich bist du dir selbst der Nächste und sollst und darfst es auch bleiben, sofern du dir mit Kant nur klarmachst, dass du den anderen stets als Mittel benutzt, aber eben nicht nur als Mittel zu betrachten hast, sondern immer auch als Selbstzweck, der seinerseits auch mich Selbstzweck als Mittel benutzt etc. …

Jedes Subjekt lässt sich vom Fremdsubjekt als Objekt benutzen, um es selbst als Objekt benutzen zu können, und so nutzt mir nur, dass ich dir nutze, und nutze dir nur, sofern du mir nutzt bei diesem Dirnutzen etc. ad infinitum. Hegel nennt es gegenseitige sittliche „Anerkennung" zweier gleichberechtigter Subjekte, die einander objektivieren, um das zu werden, was sie je selbst sind und sein wollen. Dir nützt nur dein Nutzen für andere, denen nur ihr Nutzen-für-dich nützt.

„Das wahrhafte Wesen der Liebe besteht darin, das Bewusstsein seiner selbst aufzugeben, sich in einem anderen Selbst zu vergessen, doch in diesem Vergehen und Vergessen sich erst selbst zu haben und zu besitzen." (Hegel) Kurz : Der wahre Egoismus ist gerade an die Nächstenliebe gekettet und ohne sie gar nicht wirklich zu haben – wie auch umgekehrt. Am meisten habe ich von dir, wenn du das meiste von mir hast und nicht etwa das Allerwenigste. Wer keinen anderen liebe, liebe nicht einmal wirklich sich selbst, sondern klammere sich nur an einen nichtigen Rest oder fragwürdigen Anfang.

Laut Hegel ist jedes Selbstbewusstsein paradox nur durch fremdes Selbstbewusstsein „mit je sich selbst vermittelt" und unmittelbar gleichsam noch gar nichts, nicht einmal ein nackter Egoismus pur. Ohne Hingabe keine Hinnahme u. u. Nützen kann dir nur dein Dichbenutzenlassen als Nießnutzer. Nur menschliche Selbstzwecke können einander als bloße Mittel gebrauchen, und nur Mittel können einander als Selbstzwecke respektieren. Das ist die (quasi religiöse) Dialektik der Eigenliebe und der Nächstenliebe, die wesenhaft untrennbar ineinander verschränkt sind und im Grunde unmittelbar weder miteinander nicht ohne einander können, also nur im Konflikt koexistieren und zugleich nur als Einheit im Streit liegen. Nur im Fremden bin ich ganz bei mir, und selbstbewusst in mich gehe ich paradox nur, wo ich außer mir bin. Ungesellige Geselligkeit?

Der Pariser Existenzialist Jean-Paul Sartre hat dann 1943 in seinem frühen Hauptwerk „Das Sein und das Nichts" gegen diese Traditionssicht vehement Einspruch erhoben. Will man ihm glauben, können zwei Subjekte sich und einander nicht respektieren, ohne einander zu Nutzobjekten herabzusetzen. Der Herr erkennt den Knecht an – als Knecht.

Bin ich freies Subjekt, bist du unfreies Objekt, oder eben umgekehrt. Für Sartre heißt Nächstenliebe, den Nächsten in seinem sonst sinnlosen Sein erst zu rechtfertigen. Durch deine Liebe bekomme ich gleichsam erst einen Wert und Existenzberechtigungsausweis. In der Nächstenliebe, ob nun erotisch der caritativ, mache ich mich selbst freiwillig zu deinem begehrenswerten Objekt, um dich zu bewegen, deinerseits nun auch mir meinen Seinswert begehrend zu bestätigen. Aber du kannst mich nicht lieben und im Sein rechtfertigen, ohne deinerseits nur von mir geliebt und in deinem Sein gerechtfertigt werden zu wollen.

Die Liebe sei somit letztlich ein Betrug, das jeder der beiden nur vorgebe, den anderen zu lieben und zu rechtfertigen, um zu verbergen, nur vom anderen geliebt und gerechtfertigt werden zu wollen. So bleibe in der Liebe, die stets unwahrhaftig sei, am Ende jedermann mit sich selbst und seinem ungerechtfertigten Dasein allein, da jeder nur gerechtfertigt wird von einem, den er erst rechtfertigen soll, und ich nur als Rechtfertiger gerechtfertigt werde und dann nolens volens nur einen Rechtfertiger rechtfertige. Q. e. d.

Der liberale Ökonom Adam Smith sah das gesellschaftliche Gemeinwohl gerade aus dem Wettkampf der Einzelegoismen hervorgehen. Wer direkt fürs Gemeinwohl arbeite, verkenne dabei nur sein

Eigeninteresse, aber es genüge, dass jedermann seine Privatinteressen verfolge, um dem Gemeinwohl optimal zu dienen. Konkurrenzkapitalismus wirtschafte gleichsam sozialistischer als der Kommunismus selber. Wenn jeder sich selbst der Nächste bleibe, seien dadurch alle Nächsten und Fernsten am besten versorgt – in the long run.

Dagegen : Liebe deinen Nächsten, denn du bist wie er. Liebe sogar deinen Feind, denn er ist wie du. Widerstehe niemals dem bösen Egoismus anderer, um nicht den Widerstand deines Todfeindes gegen dich erst aufzureizen, und beschäme ihn stattdessen durch gelassenes Nachgeben. Duldungsstarre durch Sich-tot-stellen rettet schon im Tierreich das eigene Leben. Hilfe hilft den Helfern zuerst. "Geben ist seliger als Nehmen", weil es selber ein Nehmen ist. Du hast mehr als andere von dem, was sie von dir haben, (und das mitnichten als profitabel amortisierte Investition in den Nächsten).

Hat auch deine Laura eine Aura?

„Aura", das Jugendwort des Jahres 2024, wird heute in einer immer verwascheneren Bedeutung benutzt. Alles und nichts kann eine Aura kriegen, d.h. irgendeine gesteigerte Bedeutung in nichtssagenderer Umgebung. Esoteriker raunen von einem "Energiekörper" mit astralem Lichtglanz. Der Ur-soziologe Max Weber beschrieb die "charismatische Ausstrahlung" eines massenwirksamen Politikers, und Psychiater sprechen von auratischen Halluzinationserscheinungen bei neurologischer Migräne oder Epilepsie.

Das Wort für Lufthauch stammt von der griechischen Göttin der Morgenbrise. (Bedeutet das entsprechende hebräische Wort „Ruach" nicht sogar den „Geist" selber?)

Man darf nicht vergessen, dass die „Aura" von etwas oder jemandem in heutiger Verwendungsinflation eine bloß säkularisierte Form der Atmosphäre des „Heiligen" ist, also laut Rudolf F. Otto des „tremendum et fascinosum", eines überwältigend Schrecklichen und Anziehenden zugleich. Wo z. B. ein Erdbeben stattfand, herrscht „heiliger Boden". In unserem atheistisch neuheidnischen Zeitalter heute allerdings ist eher die Rede von der quasi magischen *Aura* eines menschgemachten Kunstwerks, das schon Hegel als „sinnliches Scheinen der Idee" deutete (wobei die substanzielle Idee laut Hegel die Einheit von abstraktem Allgemeinbegriff und konkreter Realität ist).

Walter Benjamin, der in seiner Geschichtsphilosophie noch das chiliastisch Messianische und das politisch Sozialistische als antiparallele Bewegungen auf dasselbe Ziel hin sehen wollte, fand 1935 die „einmalige Aura" eines künstlerischen Originals zerstört durch seine technische Reproduzierbarkeit in der Moderne. Van Gogh habe noch die Aura seiner Kunstobjekte „mitgemalt"., die in den Reproduktionen dann verlorengehe.

Der Kieler Phänomenologe Hermann Schmitz hatte ein zehnbändiges "System der Philosophie" errichtet auf solchem atmosphärisch gefühlten Gesamteindruck, aus dem die Sprache dann Details "explizieren" könne.

Benjamin weitete diese authentisch unnahbare "Aura" aus auf jeden möglichen Gegenstand der Natur oder der Kultur. Sie sei ursprünglich die

„einmalige Erscheinung einer Ferne, so nah das sein mag, das sie hervorruft". Das unbegreiflich Unnahbare an jedem handfest Begreifbaren, das Unverfügbare an jedem Beherrschbaren, ist eine ursprüngliche Form des Heiligen und himmlisch Herr-lichen und nicht nur des ästhetisch Schönen (oder gar nur Interessanten). Novalis sah das Romantische als das Ungewöhnlichste im Allergewöhnlichsten.

Heutzutage verflachte das zur angedrehten Talmimagie der kulturindustriellen Popgrößen und ihrer massenmedialen Strahlkraft.

Kurz : Seit kein Geschöpf mehr eine metaphysische Aura hat, kann jeder Vollpfosten diese überwältigende Atmosphäre potenziell künstlich simulieren und usurpieren. Wenn der elektronisch verstärkte Pop-Barde sein entfesseltes Publikum verzaubert, wird er zum leuchtenden Vorbild einer Generation, und selbst Waren werden niemals als banales Gebrauchsmittel verkauft, sondern nur noch zusammen mit dem Strahlenkranz einer ganzen Weltanschauung – als umfassenden Horizont ihres Wertes und ihres Marktpreises.

Wo Hinz und Kunz schon eine ikonische Pop-Aura bekommen können, wenn sie laut Andy Warhol eine Viertelstunde lang in einer TV-Talkshow auftreten dürfen, hat der Begriff seinen Höllensturz hinter sich und bedeutet nur noch, dass das Ordinärste das Außerordentlichste geworden ist und das romantisch Erhabenste umgekehrt das platterdings Banalste.

Eine "Aura" sieht man heute nur um den, der partout keine Aura hat, und eine Nullaura umgibt den, der noch so etwas wie eine Aura haben sollte. Die Aufklärung, ein einziger Götzendienst, hat die Religion zusammen mit den Kirchen entfernt, also in Europa das Christkind mit dem Taufwasser ausgeschüttet. Seit Heiligsprechung der Profanierungen ist jede Aura von Kunstwerken auf die Banausen übergegangen.

Q. e. d.

Bin ich noch bei Troste?

"Aller Trost ist trübe", schrieb der Poet Rainer Maria Rilke, Das aber ist eine trostlose und zum Glück ziemlich törichte Weisheit. Wer ein weinendes Kind nicht trösten mag, weil es angeblich trübe sei, dessen Trübsinn zu vertreiben, muss ein etwas roher statt froher Mensch sein. Auch Erwachsene bleiben ja oft irgendwo noch die Kinder, die sie einmal waren, oder war Rilke nie jung genug gewesen, ohne einen mütterlichen Trost nicht leben zu können? Seine Mutter Pia hatte sich ein kleines Mädchen gewünscht und steckte den kleinen René dann in Mädchenkleider. Sein feminines Wesen hat er lebenslang beibehalten, ließ sich von adligen Damen verwöhnen und machte laut Robert Musil das deutschsprachige Gedicht zum ersten Mal vollkommen.

Nur wer nicht ganz bei Troste ist, ist also laut Rilke klar im Kopf?

Ein bloßes Trostpflaster heilt zwar noch keine schmerzende Wunde, hindert sie aber an verschlimmernder Verschmutzung und darf als wirkungsvolles Analgetikum gelten, wenn man nicht

zufällig trostallergisch ist. Es ist wie mit dem Mitleid, das mancher scheut wie ein demütigendes Ein-
geständnis seiner endgültigen Niederlage und wie
ein maskiertes Triumphgeheul seiner Lebenslauf-
rivalen. Der arme dauerkranke Nietzsche hasste
Mitleid so sehr, dass er mitleidlos die Schwachen
verhöhnte, zu denen er doch selbst gehörte und auf
Teufel komm raus nicht gehören wollte. Und sein
Lehrer Schopenhauer machte Mitleid zum morali-
schen Grundmotiv, was ihn nicht hinderte, eine zu
laute Nachbarin die Haustreppe hinunterzuwerfen.

Religion ist und war für Abermillionen ein wirk-
samer Trost über die unentrinnbare Lebenstragik,
auch wenn sie keine bloß pfäffische Vertröstung auf
jenseitigen Lohn für unverschuldet irdisches Leid
sein sollte.

Trostgepflasterter Lebensweg :

Nicht alle Überlebenden sind zu bedauern.
Manche sind nur die tröstlichen Hinterbliebenen
ihrer Opfer.

Bei Selbsterkenntnis tröstet der, der erkannt wird,
sich mit dem, der das tolle Erkenntnisvermögen hat.

Ich bin nicht bei Troste:
Was tröstet mich darüber,
dass ich Trost brauche?

Schönheit wird selten den Geist entwickeln,
der über ihren späteren Verlust hinwegtrösten kann.

Wer getröstet hat, der ist getröstet.

Vollkommene high societies trösten das Volk
mit perfektem Hightech.

Die sorglose Jugend verzweifelt schwermütig,
das grämliche Alter tröstet sich hoffnungsfroh
leichtsinnig.

Nietzsche pries die Sinnenlust, indem er seine Leser
verletzte. Plato tröstete seine Hörer, indem er die
Geistesfreuden rühmte.

Das Alter hat der Jugend tröstlich voraus,
dass es nicht zu ändern ist.

Ist Wildnis unordentlich oder unverdorben?

"Die Wildnis des häuslichen Lebens" : Gilbert Chestertonn schrieb mal in einem seiner etwa 4.000 Essays, dass der moderne Mensch nur in seinem eigenen Heim tun könne, was er wolle, während er sich draußen in der Gesellschaft allen möglichen strikten und engen Regeln zu unterwerfen habe. Daheim könne er z. B. vom Boden essen, falls ihm der Sinn danach stehe, aber kaum in einem Museum oder einem Bus.

Nur etwa ein Viertel der Erdoberfläche soll heute noch in einem unkultiviert naturbelassenen Zustand sein. Indigene "Naturvölker" vegetieren nur noch in eigens geschaffenen Naturreservaten. Die nomadische Heimat umherstreifender Indianer, Inuits oder Aborigines dürfte keine Naturlandschaft der Wildnis mehr sein, sondern einfach nur heruntergekommene "Kulturlandschaft" aus Menschen-Zoos.

Laut Freud gibt es ungezähmte Wildnis nur noch im "Unbewussten" der eigenen Brust, wenn der chaotische Urwald draußen schon längst dem "Anthropozän" einer durchorgansierten Maschinenwelt gewichen ist. "Das Unbehagen an der Kultur" suche sich immer neue modische Ventile für die sexuellen und aggressiven Triebregungen zwischen Eros und Eris. Wilde Triebe zu "sublimieren" statt (unvollkommen) zu "verdrängen" schaffe im Grunde nur der Künstler.

Nietzsche sprach schon vor ihm von der Raubtiernatur des Menschen, von der "blonden Bestie" unter zu allzu dünner moralischer Zivilisationstünche. "Wehe, wenn sie losgelassen!" Müssen Menschen immer durch sanktionsbewehrte Sozialverbote, also letztlich mit Gewalt vor ihren eigenen Abgründen geschützt werden, oder reicht die pädagogische Verinnerlichung der Rechts- und Moralnormen im Gewissen aus?

Selbst Wildnis ist heute als Naturpark ein Kulturprodukt, um die Erinnerung daran, dass Menschen auch Naturwesen sind, nicht ganz verkümmern zu lassen oder völlig zu vergessen. Survivaltraining als Robinsonade der "Preppers", die wieder lernen wollen, mit bloßen Händen sich einen Weg durch das Dschungeldickicht zu schlagen, reduziert auf elementare Naturbedürfnisse ohne überkandideltes Chichi von Smartphones und Luxusautos? Wer den Weltuntergang der Hochkulturen erwartet, will

vorbereitet sein aufs Äußerste und auch mit Stein-
zeitnahrung auszukommen üben.

Allerdings fällt es schwer, in diesem überange-
passten Zombie der „Spaßgesellschaften" sich noch
einen reißenden Wolf schlummern zu denken, der
jederzeit erwachen könnte, wenn die Umstände ihm
günstig sind und keine empfindliche Strafe droht,
sondern eher soziale Prämie.

Aber vielleicht ist alles auch ganz anders und die
heißgelaufene, mathematisch-naturwissenschaftlich-
hochindustriell regulierte Welt ist inzwischen ein
einziges anomisches Chaos von wild entfesselten
Titanenkräften in ihren Systemstrukturen über unsere Köpfe hinweg, und die vergleichsweise "kalten
Gesellschaften" der Vorzeitnomaden hatten wenig
entwickelte Werkzeuge, die aber in stabile Sozial-
verhältnisse ordentlich eingebunden waren über
Jahrtausende. Ihre Wildnis war übersichtliches law
and order, unsere Verwaltungswelt ist ein wirres
Regelchaos.

In barbarischer Wildnis wird zuweilen versohlt,
doch nur in Zivilisationen wird raffiniert gefoltert.

Interessen sind oft uninteressant

Wer seine Aufmerksamkeit auf etwas oder auf jemanden richtet, erhofft sich Vorteile davon. Man richtet sein Interesse bevorzugt auf seine Interessen. Mein Gedächtnis behält nur, was mich genügend interessiert hat, und wenn ich umgekehrt wissen will, was mich wirklich interessierte, muss ich nur nachsehen, woran ich mich erinnern kann. Er-innern kann nur, wer auch innen in der Sache ist und bleibt.

1973 erschien „Erkenntnis und Interesse" von Jürgen Habermas und wirkte auf die Studentenrevolte, weil es der Philosophie als letzte Kompetenz einräumte, gegen die technisch-positivistische Naturbeherrschung und Gesellschaftsstabilisierung auch emanzipatorische Interessen des Individuums wahrzunehmen und in Bürgerinitiativen "kommunikativ" einzufordern.

Die Klasseninteressen der Armen und sozial Schwachen sind radikal andere als die ihrer Unterdrücker- und Ausbeuterklasse, obwohl der kulturelle „Überbau" gegen Marx nicht gleich ganz in seiner sozio-ökonomischen Funktion aufgeht, sondern ein geistiges Surplus gegen seine materialistische Dekonstruktion verteidigt. Klassenkampf nennen sich Interessenkonflikte und -kollisionen zwischen sozialen Schichten, die nur ideologisch zu "Sozialpartnern" nobilitiert werden können.

Der Privatmann (griech. *Idiotes*) pflegt idiotische Interessen, die er Hobbys nennt und seine Arbeitskraft regenerieren helfen sollen. Der Herr reitet hoch zu Ross, der Knecht nur Steckenpferde.

Mancher hat Interesse nicht an mir,
sondern nur an meinem Interesse an ihm.

Interessierst du dich mehr für deine Starken
als für meine Schwächen?

Kommunikation : Esse est Interesse.

Auch eine Paranoia:
Alle verfolgen deine Interessen.

Der Sozialist ist ein Mensch, der sich verfolgt fühlt durch die eigenen Interessen, die jeder Mensch im Kapitalismus verfolgen darf.

Wer sich bezahlen lässt für das, was ihn interessiert, ist nicht weit davon entfernt, sich für etwas zu interessieren, weil er dafür bezahlt wird.

Wer nur gegen seine wahren Interessen handelt, ist noch kein Christ.

Auch das Desinteresse am Nächsten ist sexuell und verlangt heute Aufklärung.

Die Idee, Ideen seien nur Stoffe für die Interessenverkleidungsindustrie, ist ein gutes Alibi, keine zu haben.

Der fortschrittliche Mensch wird immer toleranter. Andere interessieren ihn immer weniger.

Interesse an Forschern ist oft nur Neugier auf Neugierige.

Gesellschaftlich kämpft man nun für den berechtigten Desinteressenausgleich.

Ideen und Interessen müssen sich miteinander maskieren.

Interessanter ist, wer sich nicht für uns interessiert.

Ein Abgrund gähnt so lange vor Langeweile,
bis er interessante Opfer verschlingt,
danach vor Müdigkeit.

Interessen und Gelegenheiten kann man wahr-
nehmen, doch fürwahr nicht für wahr nehmen.

Was du allein wahrnimmst, ist dein Interesse –
an dem deiner Herren.

Jeder Friede führt auch einen interessanten Krieg
gegen befriedigende Interessen.

Wir haben kein großes Interesse mehr, unseren
Sex zu verdecken, aber er verdeckt nun unser großes
Desinteresse aneinander.

Das geistige Interesse kann wählen zwischen
dem zeitlosen Gemetzel der Geschichte und dem
ziellosen Gestöber des Weltraums.

Interessanter bei Darwin ist nicht das wenige
Angepasste, das überlebt, sondern das viele Bunte,
was daran zugrunde geht.

Das Interessante ist nicht der Düngermist unter der
Rose, sondern die Rosenblüte über dem Kot.

Das 20. Jahrhundert hat gezeigt, dass Gutes und Schönes interessanter ist als Böses und Hässliches.

Man zwingt uns zu eigenen Interessen, Wünschen und Meinungen, um uns zahlen zu lassen.

Die interessantesten Gedanken stecken nie in den Köpfen, sondern vor ihnen gut versteckt in dicken Wälzern.

Heute werden interessante Perversionen genauso vorgetäuscht wie früher nur glänzende Tugenden.

Unsere Gesellschaft ist die Nummer Eins mit lauter Nullen, doch gemeinsame Interessen ersetzen kein einsames Interesse daran.

Uns interessiert nichts, wozu uns nichts einfällt.

Das Interessanteste an den Zehn Geboten ist,
was sie alles *nicht* verbieten.

Drabble : Ent-fernt nicht die Entfernungen!

Der Abstand des Verstandes von seinem Gegenstand ist dessen Widerstand. Der Abstand des Mittelstandsvorstandes von leidenden Angestellten ist sein unanständiger Wohlstand. Die Distanz zwischen den Klassen übertrifft wohl die Entfernung zwischen den Milchstraßen des Universums. Je schneller die Technik die Distanzen zwischen entfernten Orten ent-fernt, desto rascher wachsen Distanzen zwischen atomisierten Menschen, obwohl oder gerade weil inzwischen alle wie auf Kommando das Gleiche denken und fühlen. Nur der kleine Unterschied verbindet die beiden Geschlechter, doch der Unisex der gemeinsamen Arbeitswelt macht sie zu bald geschiedenen Leuten. Wenn nichts sie mehr trennt, IST nichts mehr zwischen ihnen – als das nackte N-ich-ts.

Spieglein, Spieglein an der Wand

Im Spiegel, den du mir vorhältst,
sehe ich nur den Spiegel, den ich dir vorhalte.

Kunstinterpreten fassen wie Kinder
hinter die Spiegel.

Malen heißt, für andere in den Spiegel zu sehen.

Jeder macht sich von sich ein Weltbild und von
der Welt sein Selbstbildnis, aber der Geist spiegelt
weniger die Welt, als dass sie ihn spiegelt, und die
Welt spiegelt nicht den Geist, sondern dass er sie
spiegelt.

Aphorismen wollen den Geist von Sozialsystemen
sprengen und den von Sonnensystemen spiegeln.

Spiegel, die nicht nur Opfer zeigen,
sind noch zu erfinden.

Große Vorzüge spiegelt vor,
wer nicht mit kleinen prahlt.

Ein großer Band kleiner Sprüche spiegelt
den Riesenkosmos winzigster Teilchen.

Der Mikrokosmos ist ein Zerrspiegel des Makro-
kosmos, aber spiegelt die Quantentheorie auch die
Relativitätstheorie in der Superstringtheorie?

Auch der ärmste Narziss kann sich
in sechs Milliarden Spiegeln betrachten.

Systematische Gesellschaftstheorien spiegeln
soziale Zwangssysteme, nicht Sonnensysteme.

Dein Spiegelbild vertauscht links und rechts,
nicht oben und unten oder vorn und hinten.

Fast jeder Erdbewohner sieht im Spiegel
mehr als im Kosmos.

Vorzüge, die man nicht oft genug vorspiegelt,
erwirbt man nie.

Das Licht der Vernunft wird das Licht der Welt
immer eher verdunkeln als spiegeln.

Wer dir einen Spiegel vorhält,
durchschaut dich nicht.

Sieht der Untertan oder die Obrigkeit in den Spiegel, sind links und rechts vertauscht, nicht oben und unten oder vorn und hinten.

Nur glattpolierte Gedanken
spiegeln die rohen Dinge.

Wer dir Knüppel zwischen die Beine wirft,
hält dir keinen Spiegel vor.

Wer mir einen Spiegel vorhält, zeigt mir nur,
wie schön ich mich finde.

Ärzte halten uns Magen- und Darmspiegel vor.

Unsere Nächsten sind hinter unseren Spiegeln.

In Spiegeln sieht man Vorbilder und Weltbilder.

Dichter sehen sich nicht im Wasserspiegel,
sondern im Satzspiegel ihrer Bücher.

Spiegel vertauschen links und rechts, Sein und Schein, nie oben und unten, innen und außen.

Wer dir einen Spiegel vorhält,
durchschaut dich nicht.

(GEM)EINSAM

Ein Einsamer kommt selten allein.

Selbst in Gesellschaft sein darf man heute nicht
mehr allein, und sogar einsam sein darf jeder nur
noch gem-einsam.

Was nützt dir die Einsamkeit, wenn niemand
sich ärgert, dass du nicht nach ihm fragst?

Gerechtigkeit ist der unlautere Vorteil,
der sich aus dem kleinsten gemeinsamen Nenner
aller Menschen ziehen lässt.

Die und der Einsamkeit liegt an der Gesellschaft.

Einsame neigen zu Krankheiten nicht,
weil sie die Gesellschaft von Bakterien suchen.

Manche Einsamkeit ist nur Trittbrettfahrerflucht.

Alle Mitmenschen der Welt haben eins gemeinsam:
sie sind nicht ich.

Einsamkeit ist eine Last,
wenn du jemand bei dir hast.

Gesellschaft ist eine unbeherrschbare Komplikation
der Einsamkeit.

Kunst ist einsame Scheinwelt,
die soziale Scheinwelt entlarvt.

Die Gesellschaft ist nur das Gesellenstück des Menschen;
Meisterschaft ist Einsamkeit, die kein Lehrling erträgt.

Sucht man Gemeinschaft, um ungestraft gemein zu sein,
und die Einsamkeit, um unwidersprochen gut zu sein?

Ist Einsamkeit Gemeinsamkeit mit gemeinem Volk?

Gemeine Worte, gemeinsame Wünsche und Werte,
doch einsame Werke.

Massenkommunikationsmittel isolieren massiv,
Einsamkeit verbindet.

Gemeinsamkeit ohne Einsamkeit macht gemein.

In Gemeinschaften bin ich vereinsamt,
im stillen Kämmerlein mit vielen vereint.

Einsamkeit kann richtiges Selbstbewusstsein,
Gemeinsamkeit muss falsches Standesbewusstsein
haben.

China vereinsamt jeden, den es kollektiviert,
Europa vergesellschaftet alle, die es atomisiert.

Einsamkeit ist etwas, das der Reiche nie
und der Geistreiche nur erträgt.

Gesellschaft macht Einsamkeit
zum Obdachschaden.

Du kannst wählen : Gemeinsam mittelmäßig
oder einsam maßlos.

Der Isolierte ist noch kein Individualist, doch ein
Nonkonformist an der Einsamkeit zu erkennen.

Lieber Einsamkeit durch Adorno
als Gemeinschaft durch *Madonna*.

Theorie und Praxis : Spinnen und basteln,
einsam dösen und gemeinsam davon quasseln.

Man glaubt und hofft gemeinsam,
man zweifelt und verzweifelt einsam.

Nur das einsamste Kunstwerk heilt die Einsamkeit
in der Gesellschaft.

Wer nicht gehetzt und verletzt,
belästigt und behindert wird,
fühlt sich schnell einsam.

Einsamkeit ist nie halbe Zweisamkeit,
Gemeinsamkeit aber schon mehrfache Einsamkeit.

POTPOURRI von Nadelstichproben

Gut(gemeint)e Ratschläge helfen nicht,
selbst wenn man stets das Gegenteil tut.

Wer sich mit anderen beratschlagt, schlägt kein
Rad, sondern hat es da auch nur mit Schläger-
typen zu tun.

Mit Rat und Tat (Unrat und Untat) : Hilfe hilft
den Helfern zuerst und will Hilfsbedürftige oft
nur herablassend demütigen.

Ratschläge sind das Einzige, was man gern gibt,
aber es ist ein Rätsel, warum sie immer nur dem
Ratgeber helfen.

Die Bibel enthält himmlische Ratschläge, die
man in den Wind schlägt, weil man es besser zu
wissen "glaubt".

Ist Becketts „Endspiel" das Ende des Spiels
oder das endlose Spiel vom Ende?

Welchen Sinn hat es, dass das Leben einen
oder keinen Sinn hat und sechs Sinne?

Was bleibt von Europhilosophie? Der lachende
Philosoph Demokritos, Uraphoristiker Heraklit,
Platons Ideen contra Doxai, auch das himmlisch
kontemplative Leben des Aristoteles, Epikurs
„Lebe im Verborgenen!", Stoiker Senecas
konzise Sentenzenkunst, der Witz des Kynikers
Diogenes, aristotelischer Realismus des Aquin-
aten, cartesianische res cogitans, Spinozas
Zurückgezogenheit, Leibnizens fragmentierte
Monadologie und Logik, Kants alttestamentari-
sche Ethik und „Religion innerhalb der Grenzen
der bloßen Vernunft", Fichtes dialektischer
Subjektivismus, Schellings Natur zwischen
Licht der Vernunft und materieller Schwerkraft,
Hegels Ästhetik und dialektischer „Universal-
witz von Witzen", Schopenhauers „Aphorismen
zur Lebensweisheit", Marxens Proletarismus,
Kierkegaards drei Stadien mit Confinien,
Nietzsches tiefenpsychologische Aphoristik,
Wittgensteins formale Weltlogik, Heideggers
Etymologik, Jaspers´ Psychologie der Welt-
anschauungen, Dichter und Denker Sartres

„Situationen" und „Ekel", Adornos aphoristischer Individualismus und desengagierte Sozialkritik, Marquardts humoristisch-skeptische „Transzendentalbelletristik" …

Großkapitalisten bringen dich nachhaltiger um dein Privateigentum als alle Sozialisten.

Ich weiß besser, was gerecht wäre, als was heute un(ge)recht ist.

Die Pessimisten in Fortschrittsländern sind nicht die Optimisten in Verfallsstaaten.

Blödsinn durch bewegte bunte Bilder oder Bildung durch starre schwarze Buchstaben?

Die Sprache spielt mit der Schwere des Schicksals und mit dir. Liegt darin dein freier Wille?

Ich jammere darüber, dass mein Jammern ganz vergeblich ist, und lache darüber, dass Lachen dort lustig macht, wo es nichts zu lachen gibt.

Kolonisiere nur deinen Geburtsort!

Warum ist das moderne Waffenrecht strenger als das Maschinenrecht?

Welche Roboter brauchst du, um dich gegen die Allmacht der Roboter wehren zu können?

Die Ansicht, dass das Verhalten zu Menschen, die keinen Respekt verdienen, nicht respektlos sei, ist besonders respektlos – z.B. Abtreiben Ungeborener oder Entlohnen von Sklaven.

In Schopenhauers Inkongruenzphilosophie des Lächerlichen und in Freuds Witzanalyse sprengt der eingefangene Trieb die Vernunft, in Ritters und Marquardts Kompensationsphilosophien umgekehrt reintegriert die Vernunft den ausgegrenzten Trieb. Das Ergebnis ist das Gleiche.

Ist der Bibliothekskatalog selber ein Buch der Bibliothek, müsste er auch sich selbst auflisten. Dann aber wäre noch ein Metakatalog nötig, der die ganze Bibliothek plus ihren ersten Katalog enthielte. Auch die kleinste Bibliothek also ist unendlich groß, und der Bibliophile weiß das.

Wirft das Industriesystem nicht einmal arbeitsfreies Grundeinkommen ab für jedermann,

hätte der Steinzeitnomade weniger geschuftet
als wir verwöhnten Maschinennutzer heute.

Dem Bürger werden außergewöhnlichste Dinge
in Utopien versprochen, damit er kein freier
Durchschnittsmensch in seiner Familie sein darf

Die Evolution ging von beinlosen Fischen über
Vierbeiner zu den Zweibeinern und nicht weiter
zu Einbeinern im selbstfahrenden Rollstuhl.

Die Öffentlichkeit ist bereits die Privatsphäre
der Reichen und die Intimsphäre der Armen
längst kommerziell bürokratisiert.

Würde die Welt auch nur halb so eifrig
verbessert, wie sie verschandelt wird,
wäre die Hölle auf Erden bewohnbarer.

Aphorismen sind anstrengende Handarbeiten,
keine arbeitssparenden Maschinen, geistige
Selbstversorger und keine Laborsklaven.

Gegenwart erleben wir, ohne sie zu verstehen,
Vergangenheit verstehen wir, ohne sie mehr zu
erleben, und Zukunft planen oder fürchten wir,
ohne sie zu erleben und zu verstehen.

Vor Lebensgefahren bewahren nur gefährliche
Manöver, vor Erschlaffungen nur Verzichte.

Zu einer treu liebenden Geliebten zu kommen,
ist für Bürger schwerer, als es für Mönche ist,
ohne sie auszukommen.

Was ist wichtiger, Stimmengleichheit oder
kleinste Mehrheit oder größte Minderheit?

Wie Chesterton 1927 in „Outline of Sanity" für
bäuerliche Kleinkapitalisten warb, die es schon
einmal gab, sollte man werben für proletarische
Intellektuelle, die es bis jetzt noch niemals gab.

Kindermoden erziehen schon Babys zu künftigen Modegecken am Angelhaken der Industrie.

Carnaps „Logischer Aufbau der Welt" (1928)
aus „Elementarerlebnissen", die ja Gesamtein-
drücke sind, deren Details erst sprachlich zu
explizieren wären – so fragwürdig wie später
sein Weltaufbau aus physikalischen Objekten.

Heute verachtet der Junge seine lila Mutter
und verehrt seinen transen Vater oder kommt
an beide nicht ran.

Laut Schopenhauer ist nicht der Wille frei, sondern der Geist, selber nur Ableger des Willens, ist potentiell frei von dessen Diktat. Der in der Natur objektivierte Wille sei Ursache unserer Sinneseindrücke und doch zugleich jenseits von Raum, Zeit und Kausalität. Das Gehirn sei Sitz des Erkenntnissubjekts, das Geschlecht aber Sitz des Willenssubjekts und der Leib der Treffpunkt von Weltwille und Wissenslaterne. Raum und Zeit sind nur im Kopf, und der Kopf soll doch zugleich in Raum und Zeit sein?

Lieber Christ, hasse keinen! Du bist keiner.

„Zurück zur Natur" und zum Erdbeben? Bei drei sind alle wieder auf den Stammbäumen.

Wer Roboter fürchtet, will seine Sklaven zurück

Weder links noch rechts, sondern stets obenauf. Pazifismus? Entweder Frieden oder Bewegung!

Sei Politik die Kunst des Möglichen, so ist Religion die Philosophie des Wirklichen und Poesie die Wissenschaft des Notwendigen.

Wenn der Todfeind sich als Busenfreund aus-
gibt, wird dieser sich als jener ausgeben, um die
wahren Feinde zu täuschen und zu entlarven.
Eine Synthese von Thesen und Antithesen
ist ihre Kooperation zu besseren Hypothesen.

Denker setzen nicht aufs Glück, Dichter rechnen nicht mit Zahlen und Beter improvisieren
keine Vorsehung.

Phänomenologie : das philosophische Werk
erscheint mit allem Wesentlichen in der
Herbstedition seines Verlages.

Altgewordene Denker : Platon (90), Demokrit
(80), Diogenes (90), Hobbes (91), Kant (80),
Schelling (79), Heidegger (86), Jaspers (86),
Conrad-Martius (78), Marquard (87), Habermas

Von Hegel zu Schopenhauer : Von Gattungs-
begriffen zu handgreiflichen Begattungen.

Der Staat will Bürger, die nichts vom Staat
wollen, und der Bürger will Regierungen,
die nichts vom Bürger wollen.

Sartre engagierte sich für etwas nur, um sich
von anderem degagiert losreißen zu können.
Sein Einsatz war Flaubertsches l´art-pour-l´art.
Freiheit, das sind die Engagements von gestern.

Man trinkt die Milch aus giftigen Tüten
statt aus gesunden Kühen.

Für Kafka. Betraft Unschuldige so lange,
bis sie um Vergebung flehen!

Hegel : Man muss das Leben hinter sich haben,
um es erleben zu können und ewigen Geist vor
sich zu haben, wenn es mit allem zu Ende geht.

Das wahrhaft Seiende ist nichts als ein Geistes-
blitz, der nirgends einschlägig einschlägt.

Aphoristiker : Dionysos apollinischen Denkens
und Apollon dionysischer Poesie, Platoniker der
Kontingenzen und Historiker unausgeführter
Eröffnungszüge, Zappelphilipp als Stillleben
und der Weltmann als Bettelmönch.

Ist individuelle Abweichung von der Allgemeinheit allgemeingültiger objektiv oder noch
wahnhafter als der allgemeine Wahnsinn?

Warum haben Dichter und Denker überhaupt lebenslang geschrieben, wenn sie nicht mehr sagen wollten, als was Referenten an ihren Grundgedanken flugs zusammenfassten?

Schlagen wir nur die Zeit tot mit Clownerien beim verwundenden Warten auf Wunder?

Aphorismen geben größte Ereignisse haarklein wieder und verschweigen nichts als das All wie das schauerliche Schauspiel des Wesentlichen.

Werkzeug? Greifst du nur nach dem Startknopf, hat die Maschine dich schon voll im Griff.

Einheit von Theorie und Praxis:
Du tust nichts und weißt nicht warum.

Der Himmel, zu dem überall Wegweiser führen, ist zuweilen die Hölle auf Erden.

Gegenwart ist die ewige Wiederkehr der gleichen Chance, den Zeitgeist zu verfehlen, oder des gleichen Risikos, nur sich selbst zu finden.

Können denn Himmelsmaschinen besser als Erdbewohner vor Höllenmaschinen schützen?

Seit Kant ist jeder verhext von seiner eigenen
Erkenntnisproduktion. Wenn Erfahrung auch
nur Formarbeit am Material oder Aktionismus
ist, gibt es keine vita contemplativa mehr, sondern nur noch Praktiker und Geistesindustrielle.

Ich reise nicht mehr, seit ständiges Aufbrechen
wichtiger ist als endgültiges Angekommensein.

Dichten sollte schneller Ernst machen,
Denken fröhlicher und Glauben gewisser.

Vom langweiligen Paradies zur lustigen Fabrik?
Paradiesvertreibung war der Abstieg von Gärt-
nern über Ackerbauern zu Fließbandarbeitern.

Die Aphorismen entgrenzen das Beschränkte,
indem sie im Unendlichen immer mehr Grenzen
ziehen zu immer intensiver genutzten Parzellen.

Auf der Suche nach dem verlorenen Suchen
finden wir gefundenes Fressen.

Heißt Dialektik, dass nur Verbrechen die Welt
verbessern und Nichtstun sie zur Hölle schickt?

Einst war der sinnliche Augenschein der direkteste Weg zur Realität – neben dem Anfassen. Inzwischen bildet die Übermacht der Bilderflut augenscheinlich eine perfide Scheinwelt, welche die Begriffe entmachtet und verdunkelt.

Das statistische Verfallsdatum überschreitet mancher Mann und unterschreitet manche Frau, ohne sich zu ändern.

Das Individuum wappnet sich mit *Maschal*, was die Phrasen der Zeit paraphrasiert mit Maschinensturm im Feuerwasserglas.

Nur ein Aphorismus, der sich selbst ähnelt, drückt objektiv den Ausdruck der Welt aus.

Die Welt hat die nötigste Anzahl von überflüssigen Dingen und zu viel vom zu Wenigen.

Was nützt Witz, wenn er nicht hilft, ernst zu machen, und Verstand, der nicht hilft, wieder einfältig zu werden?

Unsere Bundeswehr ist gerüstet, den Feind so lange aufzuhalten, bis US-Truppen kommen.

Verletzungen sind die Eltern des Verstandes.

In französischer Kultur spielt der Verstand
verrückt, wo das Gefühl zu vernünftig wird.

Rationalist Valéry verehrt Descartes, ohne viel
von Mathematik zu verstehen, und verachtet
Pascal, dessen esprit de finesse er praktiziert.

Das A und O der Welt : Rosen auf Rasen
und Hasen in Hosen. Beides ist besser.

Kopf oder Zahl : Kein Zufall bringt beides
zugleich.

Wenn Kants Ideal-Moral zur festen sittlichen
Sitte Hegels wird, die in Fleisch und Blut über-
ging, dann wird eher Amoral zur Anstrengung.

Natürlich leugnet Heidegger nicht, dass der
Mensch Augen und Ohren, Hand und Fuß hat,
macht aber Leiblichkeit als Angriffspunkt und
Resonanzboden der Gefühle nirgends ausdrück-
lich zum phänomenologischen Thema und
Problem, ja, Hören und Sehen, Fassen und
Gehen benutzt er nur „uneigentlich" als bloße
Metaphern für Metaphysisches. Wie bei Platon

geht es um das „geistige Auge" für „Wesensschau" der Dinge, „dem Sein höriges Denken",
um einen (Gedanken)„Gang in die Nähe des
Seyns" etc. Heidegger will seinen Seinsacker
bestellen und keine Waren bei Online-händlern.
„Feldwege" führen den Gedankengang nur auf
Schwarzwaldlichtungen des Seins, „Holzwege"
aber nur zum „Gestell" der Maschinenwelten.
Husserlschüler Günther Anders, Arendts erster
Gatte, sprach wie Adorno von Heideggers
bloßer „pseudo-concretness".

Raserei auf Straßen macht nicht nur Fußgänger
rasend. Das A und O der Welt sind rote Rosen
auf Rasen statt tote Hosen beim Rasen.

Großzügig überlässt der Reiche dem Armen die
Arbeitsstellen und der Arme dem Reichen den
Profit.

Gute Worte und Ratschläge werden gern großzügig verteilt, damit Speck und Kuchen zuhause
bleiben können.

Der Arbeitgeber schenkt seinem Arbeitnehmer
großzügig ein sozialpartnerschaftliches Lächeln

Wer sich dem hier nicht aussetzt, ist dumm und feig

Wer an Existenziellem interessiert ist, stößt sich
an Grenzen der Existenzphilosophien.

Ist es schicklich, die Bälle des Schicksals mit
Geschick aufzufangen und zurückzuschicken?

Proletarier – die nur nach Köpfen Gezählten,
wenn sie denn auch einzelne Köpfchen hätten!

Hegels Dialektik : Schwarz und Weiß
ergibt Grau in Grauen.

Irdische Lebewesen kann man nicht genug
verreißen, aber ihr himmlisches Wesen nicht
hoch genug preisen.

Verdammt den Mord und vergebt
dem reuigen Geisteskranken!

Warum gibt es nur Krimis, die Tode statt Geburten feiern? Staunt man nicht, dass Becketts
Mülltonnenmenschen noch so lustig sind?

Ein Denken, das stets auf den springenden
Punkt und Ursprung zielt, muss sprunghaft sein

Dem Starken genügt Trutz und Schmutz der
Natur, der Schwache braucht Schutz der Kultur.

Hard science is a smart joke
or a cruel nightmare.

Frontschweine sind in jeder Schlacht
die Avantgarde des Kanonenfutters.

Wittgenstein? Die Welt ist alles, was hofft,
kein hoffnungsloser Fall zu sein.

Kant. Was die Heilige Schrift Gottes Gesetz
nennt, ist streng philosophisch die kategorische
Selbstgesetzgebung menschlicher Vernunft.

Raum verhält sich zu Zeit wie Ton zu Melodie.
Laut Bergson ist Raum ein Fotoalbum und Zeit
ein Film. Oder ist die Arbeitszeit des Sesshaften
nur eine Abstraktion vom Raum des Nomaden?
Ist Leben Bewegung der Zeit oder in der Zeit?

Quartalssäufer sind die ungekrönte Elite
der professionellen Alkoholiker.

Flauberts kühler Sachstil vermeidet sowohl
Gemeinplätze wie eitle Preziosen eines Oscar
Wilde. Chestertons Sprachstil bietet das seltene
Schauspiel, zugleich klar, moralistisch, rational,
realistisch, phantasie- und humorvoll zu sein.

Flaubert verwendete die meiste Mühe darauf,
seine Leser die Mühe vergessen zu machen,
die er auf seinen Sprachstil verwendete.

Der Ewige gibt dir die einzigartige Chance,
deinen unverwechselbaren Beitrag zur Kultur
zu leisten. Trage ein wenig weiter, was deine
Vorfahren liegenlassen mussten, die dir soweit
voran halfen mit Schulen, Stützen und Geduld:
Verspiele nicht diese einmalige Gelegenheit!
Die Welt wurde nicht zum Spaß erschaffen.

Der Jodler in Seppelhosen wirkt heute uriger
als der Urmensch im Lendenschurz.

„Watt´n Meer!" rief Dampfmaschinenerfinder
James Watt mit seiner 10-Watt-Lampe vorm
Wattenmeer.

Gallier sind die goldene Mischung aus
Nachtigall und Galle von Asterix und Obelix.

War Deutsch einst die Sprache der Dichter und Denker, Französisch die Gestik der Liebe und Triebe, war Englisch der Slang von Handel und Wandel, Macher und Schacher.

Das Filmmusical „Arielle, die Meerjungfrau" verhält sich zu Andersens Märchen wie die Faust aufs Auge zu Goethes „Faust".

Werden selbständige Drogisten drogenabhängig?

Wo Intellekt fehlt, nennt er sich Intuition.

Menschen kämpfen miteinander, weil sie gleich sind, und sind in ewigen Kriegen vereint.

Ehros? Edeldroge Kunst kommt eher von unten als von oben herab, ist freie Entschädigung für Zwangsentsagung, kompensiert den Triebverzicht durch realitätsflüchtige Sublimierung statt Wunscherfüllung. Durch Witz gemeinsam asozial sein? Auch engagierte Kunst weicht der Politaktion aus wie l´art-pour-l´art der Moral. Wollen Künstler die harte Realität vermeiden oder erobern, und ist *das* Schöne letztlich *die* Schöne, ein Lockvogel statt sinnliches Ideal?

Bringt nicht Philosophie in nur illustrierende
Kunst, sondern umgekehrt mehr Kunst als
Wissenschaft in die Philosophie!

Künstler sind selten empfänglich für Werke
ihrer Rivalen.

Was Freud an Kunstwerken verstand, war nur
das Kunstfremde ohne technische Form. Proust
musste begreifen, was ihn einst nur ergriffen
hatte; um es zu genießen. Freud umgekehrt
konnte nur genießen, wo er zuvor begriffen
hatte, was ihn berührte.

Pessimismuss belohnt werden : ein halbvolles
Glas ist teurer als ein halbleeres.

Hebbel. Rühre stets an die Schlaflosigkeit
der Welt und wiege sie in Schlummer:
Lebe nicht wild, sondern milde ab!

Gottes Gesetz wird in deine Regie genommen,
und meine Autonomie führt zu Gottes Gesetz.

Ist die Zeit ein (voran)springender Punkt
oder stetes Verabschieden und Entgleiten?

Mystik ist der Witz an der Schöpfung
und Witz die Mystik des Schöpferischen.

Marx hoffte auf die revolutionäre materielle
Verelendung der Massen; wir können nur noch
hoffen auf die resignierte Verzweiflung des
anpassungswilligen Einzelnen am Industrialismus, die Perfektion seiner eigenen Maschinenwelt jemals zu erreichen.

Sehenswürdiges ist meist scheu
und Exhibitionistisches nicht sehenswert.

Stecken in allen Robotern vielleicht nur Lili-
putaner und in allen Menschen nur Maschinen?

Dialektik. Wenn aus Rede und Widerrede nur
fauler Kompromiss entspringt, wird ihm wieder
widersprochen, um besseren Konsens zu finden.

Kalter Winter. Du machst dir ein Feuer,
Alles verbrennt. Dich friert.

Hat Heideggers ontologische Differenz eine
Identität, und sind Selbstgleichheiten von sich
und einander unterscheidbar verschieden? Das
Sein ist fürs Dasein eine Aufgabe, die es aufgibt

Was muss ein Subjekt sein, um sich als Subjekt
selbst aufheben zu können – wie das Meer eine
Zeichnung Foucaults im Strandsand?

Aphorismen : Satiridyllen, spitzes Zungenreden.

Eine Frau ist gut für zwei Männer,
wenn der eine nicht kann.

Es ist unzeitgemäßer, einmal Uraltes wieder
vorzuholen, als immer Zeitgemäßes zu kreieren.

Lacan. Muss die Wahrheit über Widersprüche
widersprüchlich sein, und taumelt das Ich nur
zwischen autarker Autonomie und psycho-
tischem Narzissmus?

Ersetzte Pierre Bourdieu die sozialistische
Therapie der kapitalistischen Krankheit nur
durch soziologische Kritik am „Kulturkapital"?

„Hexen kann ich auch nicht!",
rief die Hexe auf dem Scheiterhaufen.

Nur Unvernünftiges ist allgemeinverständlich,
das Rationale nur für Sachverständige.

Beraubung aller Großräuber ohne Junktim
mit Entschädigung heißt Revolution und ist im
Sozialstaat weniger möglich als in Diktaturen.

Alle wichtigen und ernsten Dinge sollten von
Laien entschieden werden, die dazu scherzen.
Alle belanglosen Dinge könnten von Experten
untersucht werden, die das zu ernst nehmen.
Ersteres kostet zu wenig, letzteres zu viel.

Um nichts von der Natur zu verstehen, genügt
es, alles über Physik zu wissen, und um lebens-
fremd zu sein, reicht es, Biologe zu werden.

Nimmt die Lebenstragik nur ernst genug, wer
kein Heilmittel oder Palliativ dagegen kennt?

Aufklärung will Gutes tun,
Philosophie will gut sein.

Selbst wer handelt, wie er wollte, wird
ungewollte Folgen seiner Taten in der Welt
herausfordern und nicht nur Gegner. Dieses
Risiko jedes Tuns wird zu selten beachtet.

Avantgarde ist die Hoffnung, dass das Bessere
im Unbekannten liegen könnte.

Bestell über Uber keine autonomen Auto-Maten
und Auto-Kraten!

Blickt zurück in Utopien und voraus
in den Ursprung der Herkunft!

Was du nicht bist,
dazu musst du erst nobilitiert werden.

Hat am Ende nur der Wahnsinn Nietzsche
vorm Höllensturz bewahrt?

Abendphantasie. „Friedlich und heiter ist
dann das Alter", kalter Walter. Unbefriedigt
ungescheiter geht es ewig weiter?

Humanisierter Humus ist wie ertrunkenes
Wasser oder gepfefferter Pfeffer.

Widerstand : Wandern gegen den Fort-schritt!

Heideggers „Seyn" verbirgt allein seine
Selbstoffenbarung und offenbart nur
seine Selbstverbergung.

Der Sinn einer Rede ist ihre Bedeutung, nicht
einer unserer fünf Sinne, sie aufzunehmen,
wahrnehmbar mit dem sechsten Sinn der
geistigen Augen.

Gott schuf in uns die einzigen Naturwesen,
die sich selbst erschaffen können und müssen
zur Koexistenz eigenwilliger Leute miteinander
und mit allen anderen Geschöpfen.

Begnügt Kant sich mit seinen Erscheinungen a
priori, um Dinge an sich nicht sehen zu müssen,
oder verzichtet er auf Macht über die Noumena,
um Macht über Phänomene nicht zu verlieren.

Alte Sage

Ruft nachts ein komischer Kauz.
Fällt ziemlich sicher, pardauz,
Ein Mensch tot um und dumm:
Cogito, ergo Bumm!
Hast du das vermieden,
Bist du mit dir zufrieden,
Verschläfst die Morgensonne
Voller Lust und Wonne
Auch in einer Regentonne.

Beweist Kants Selbstbewusstsein schon, dass etwas raumzeitlich und kausalbewirkt existiert? Sein Unabhängigkeitstrieb will Gott und Triebe minimieren, indem seine praktische Selbstbestimmung (per moralischer Selbstgesetzgebung) Gott nötigen soll, ihn glückselig zu machen. Er stülpt den Dingen an sich die Masken ihrer Erscheinung über, statt sie zu zwingen, ihre Masken etwas zu lüften. Er gibt der Natur nicht einmal die Chance, auf seine Experimente zu antworten, und nimmt ihre Antworten a priori vorweg. Um die Herrschaft über alle Phänomene zu behalten, verzichtet er auf Antworten der von ihm unbewirkten Wirklichkeit. Aber er hat ja keine Macht über seine konstitutive Macht über die Erscheinungen, weil er sich selbst ein Ding an sich ist, transzendentale Apperzeption des intelligiblen Ego, statt empirisch psychologisch durchsichtig. Kants philosophisches Hauptmotiv ist fast Nietzsches Allmachtwille, aber er glaubt im Grunde seinem eigenen Transzendentalismus nicht, denn er tut ja nicht so, z. B. seine Bücher für bloße Erscheinungen von ganz unbekannten Dingen an sich zu halten – wie Hermann Schmitz überzeugend einwandte.

Mein Wort will keine Leser verletzen,
sondern nur ihr dickes Fell zeigen.

HUMORISTISCHE KLASSIKER :

Sebastian Brant : „Das Narrenschiff"

Hermann Bote : "Till Eulenspiegel"

Erasmus von Rotterdam : "Lob der Torheit"

Rabelais : "Gargantua und Pantagruel"

Jonathan Swift : „Gullivers Reisen"

Moliere : Komödien

de Cervantes : „Don Quichote de la Mancha"

Denis Diderot : „Rameaus Neffe",
„Jacques der Fatalist und sein Herr"

James Boswell : „Samuel Johnson"

Christian Reuter : "Schelmuffsky"

Karl J. Weber : "Demokritos,
der lachende Philosoph"

Heinrich v. Kleist : „Der zerbrochene Krug"

Jean Paul : "Dr. Katzenbergers. Badereise", "Der Komet*

Charles Dickens : „Der Pickwick-Club"

Thackery : „Jahrmarkt der Eitelkeiten"

George Meredith : „Der Snob"

Joseph von Eichendorff : „Die Freier", „Aus dem Leben eines Taugenichts"

Chr. M. Wieland : „Diogenes von Sinope", „Aristipp und einige seiner Zeitgenossen", „Clelia und Sinibald"

Bürger : „Baron Münchhausen"

Gottfried Keller : „Die Leute von Seldwyla"

Georg Büchner : „Leonce und Lena"

Gustav Flaubert : "Bouvard und Pecuchet"

Johann Nepomuk Nestroy : Possen

Heinrich Heine : Werke

Mark Twain : „Werke"

Joachim Ringelnatz : Gedichte

Erich Kästner : Gedichte

Christian Morgenstern : Nonsens-Gedichte

Wilhelm Busch : Werke, Bildergeschichten

Kurt Tucholsky : „Werke", „Schnipsel"

Frank Wedekind : "Der Marquis von Keith"

Arno Holz : "Dafnis"

Karl Valentin : Werke

Jean-Paul Sartre : "Nekrassow"

Wladimir Nabokov : "Pnin"

Demut, das stärkste Mikroskop der Welt

Stell dir nur mal vor,
du riesenhafter Tor:

Du bist auf einer Wiese
Nur eine kleine Wanze,
Und was ist ihre ganze
Welt? Ich bin ihr ein Riese.

Doch ich bin nur ein Zwerg
Auf Schultern eines Riesen
Auf himmlischen Wiesen,
Und was ist mein Werk?

Ich sehe als heiterer Reiter
dort wirklich etwas weiter
Als der himmlische Gigant,
Eine Maus auf Elefant?

Zehn Zwerge machen Analysen
Wohl aus jedem Riesen,
Doch bilden zu ihrem Schutz
Hundert kleine Liliputs
Als ihren Gesandten
Einen einzigen Giganten?

AVANTI, AVANTI !

Ich bin sein Barde :
Die wahre Avantgarde
War der Ur-Nomade
Und der Steinzeitmensch
Ohne Truck und Ranch.

Mit bunten Händen
An Höhlenwänden
Malte er Götter
Gegen uns Spötter,
Uns Derrièregarde :
Ich bin sein Barde.
Ach, wie schade!

Wir späten Epigonen
Mit Kronen und Ikonen
Und smarten Telephonen
Sind gar nicht zu schonen,
Wo wir wohnen und thronen.

Warme Gemeinschaft

Anti-Hörspiel von Rolf Friedrich Schuett

F : Frau
M : Mann
K : Kind

„Wir bringen unser Leben zu wie ein Geschwätz."
(Psalm 90, 9)

Dieses Anti-Hörspiel widersteht den Konventionen selbst eines üblichen Experimentalhörspiels und allem gängigen Kommunikationsgeschwätz. Drei Familienmitglieder, erkennbar an einer weiblichen, männlichen und kindlichen Stimme, sprechen abwechselnd nichts als die „dummen Sprüche" aus dem folgenden Pool zum Thema der „zwischenmenschlichen Beziehungen" heute, in dieser Reihenfolge.
Beliebige Spiellänge mit beliebig vielen Aphorismen. Das Spiel versucht, Samuel Becketts Technik zeitgemäß zu radikalisieren.

Im Hintergrund sind dabei unaufdringlich leise verschiedenste Tierstimmen zu hören.

Sprüche, nichts als dumme Sprüche

Schauspiel

„Wir bringen unsere Jahre zu wie ein Geschwätz." *(Psalm 90, 9)*

Neun Personen, verteilt auf einen Liebespaar-Zweiertisch, einen Dreiertisch und einen Vierertisch in einem kleinen Café. Es können sogar Laiendarsteller sein, die Ihre Texte auch von einem Zettel ablesen dürfen. Man trinkt aus Kaffeetassen oder Weingläsern. Je eine Person sagt einem ihrer Tischnachbarn einen Aphorismus ins Gesicht. Diese Durchschnittsmenschen führen keinen Small Talk, sondern geben nur Aphorismen von sich, als würden sie einander antworten, in wechselnden Tonlagen, ohne Zusammenhang oder nach wechselnden Gesprächsthemen geordnet. Die Pausen zwischen den mal betonten, mal unbetonten Sprüchen dürfen mal kürzer, mal länger sein, um Fassungsvermögen und Interesse der Zuschauer zu strapazieren, aber nicht zu überfordern. Klare Aussprache, nicht zu leise, nur gelegentlich geschrien. In den Pausen zwischen zwei Aphorismen zuweilen unverständliches Gemurmel, Lachen, Schneuzen, Rauchen, Trinken, Gang auf die Toilette etc., gern auch unaufdringlich pantomimisch begleitet. Ein Kellner sorgt zuweilen für Nachschub der Getränke.

Die Personen sitzen beziehungslos beieinander und reden in geschliffenen Sentenzen aufeinander ein, als wäre das völlig alltäglich, nur selten in Richtung des Publikums oder ins Leere. Das Ganze sollte wie eine Alltagssituation wirken, in der Alltagsmenschen zwischenmenschliche Alltagsgespräche führen, im Kontrast zu ihren pointierten Aussagen. Auf die Hintergrundwand des Cafés werden die gerade gehörten Aphorismen zum Nachlesen projiziert - kontrastiert durch bekannte Werbesprüche aus der Warenwelt.

Ein natürlich wirkendes kleines Mädchen, höchstens zehn Jahre alt, „Ernestine" gerufen, spielt zwischen den Tischen mit Puppen am Boden, springt gelegentlich auf und hält den

Eltern und anderen Cafébesuchern je drei geistreiche Maximen entgegen.

Das Spiel lebt vom Abgrund zwischen dem üblichen Kommunikationsgeschwätz und den hochverdichteten Sentenzen. Es verstößt gegen alle Gesetze des traditionellen, selbst des *absurden Theaters*, das längst Entertainment ist, und möchte die Daumenschrauben noch etwas weiterdrehen als *Samuel Beckett*, da die „Spaßgesellschaft" sich inzwischen weiterentwickelte und durch Landstreicher-Clowns nicht mehr darstellbar ist.

Spieldauer : höchstens eine Stunde.

Jede Aufführung ist eine andere Premiere, da jedes Mal eine beliebig andere Auswahl von etwa ein- bis zweihundert Aphorismen aus dem folgenden POOL gewählt werden kann.

APHORISMEN-POOL (Beispiele)

Studierstubenhocker kommen oft weiter als Weltreisende.

Dein Leben hat einen Sinn –
für deine Ausbeuter.

Wer sich selber kennt, wird nichts mehr.

Wie gut siehst du, wie schlecht du siehst?

Hirnforscher haben nur noch Gehirn im Kopf,
und Realismus ersetzt die Realität.

Praxis ist Getue mit Prädikat.

Fürchten Pazifisten Kriege mehr
als die Sklaverei?

Unhaltbare Zustände halten am längsten.

Der Orgasmus ist die beste Maske des Todes.

Originell sein heißt Vergessenes plagiieren.

Nur Gutes ist groß, nur Großes ist schlecht.

Reiche wurden doppelt so reich,
Habenichtse auch.

Erfolgloses *kann*, Erfolgreiches *muss* Mist sein.

Ist das nun sozial gerecht
oder nur sozialgerecht?

Wer die Normen erfüllt,
verletzt die Normalität.

Angeln beruhigt - weder Fische noch Würmer.

Eine falsche Schlange macht noch kein Paradies, doch wachs auf dem Mist, den andere machen.

Auf Knien kommt man weiter als auf Stelzen.

Wir denken nach – anderen.
Wir halten zusammen – aber was?

Man ist so frei, Fatalist zu sein, doch im Mittelpunkt stehen nur noch Exzentriker
.
De meisten Aufrechten sind unter Gefallenen, und kein Kopf könnte sich selbst ausdenken.

Und so weiter …

HANS J. EISEL

Frttz Heinrich Lotterfuchs: Wer fällt, gefällt
Aus dem schönen Leben des Gebrauchsdenkers Ingo K.

Ein satirischer Roman in der Tradition Jean Pauls, dessen Todesjahr sich 2025 zum 200sten Mal jährt, das lässt aufhorchen.

Wer wagt so was, Autorsmann oder Knapp...?
Ähnlich geht es mir mit der Besprechung dieses Werks, für das eher Arno Schmidt Pate steht als Jean Paul. Hoffentlich übernehme ich mich nicht damit. Die Gefahr besteht durchaus - sie lauert bekanntlich immer und überall. Nicht nur das vorschnelle Vorpreschen nährt den Verdacht, auch eine Voreingenommenheit dem Werk gegenüber. Ich finde es nämlich großartig.

Ein verborgener Schatz der Literatur, woran die Tatsache, dass ich die 2. überarbeitete Auflage lese, wenig ändert.

Im Mittelpunkt steht der „Gebrauchsdenker" Ingo Krawuttke, aus der Unterschicht stammend oder wie Lotterfuchs schaurig schön formuliert: ein Proletarier. Obwohl weit und breit keine politisch bewusste Arbeiterklasse in Sicht ist, zeigt sich sein Klassenbewusstsein, das ihn zu eher eigenwilligen und -tümlichen An - und Einsichten bringt.

Bis zum Abitur fällt er nicht auf und danach erst
recht nicht. Für einen Beruf begeistert er sich
nicht, im Gegenteil, der sogenannte Arbeitsmarkt
schreckt ihn. Viel Geld braucht er nicht. Schließlich verzichtet er auf Auto, Fernsehgerät und begnügt sich mit einer billigen Mansardenwohnung.
Der Gedanke an eine Familie mit Kindern, die er
versorgen müsste, jagt ihm kalte Schauer über den
Rücken. Er sehnt sich - vorwiegend aus sexuellen
Gründen - nach einer Partnerin, die ihm genug
Zeit lässt für seine Leidenschaft : Schreiben.
So findet er schließlich Trautlinde Apfelwein
„mit unverächtlicher Oberweite und zeitgeistigen
Ansprüchen" (S.91).
Immer mehr fertige Manuskripte stapeln sich unter seinem Bett. Die schickt er unverdrossen an
alle (un)möglichen Verlage, die sie ihrerseits -
wenn überhaupt - meist kommentarlos oder mit
vorgefertigt ablehnenden Worten zurückschicken.
Entmutigend? Der verschmähte Autor gibt nicht
auf. Soweit zum ersten Teil.

Ab Seite 221 beginnt Krawuttke seinen Bericht
„Hilfe hilft Helfern zuerst
- Ein Greis erfindet seine Jugend",
„wie er ihn wenige Jahre vor seinem
Ende sah." (Seite 220)
Mit 2 Jahren verliert Ingo seinen Vater im Krieg.
Der schreibt ihm angesichts seines nahenden To-
des einen Abschiedsbrief. Darin empfiehlt er dem

Sohn die Fürsorge um seine geliebte Frau, also
dessen schöner junger Mutter. Diese liest den
Brief dem Sohn ab dem S.ten Lebensjahr immer
wieder vor, in sehnsüchtiger Erinnerung an ihren
verstorbenen Mann. Und so verbringt Klein-
Ödipus vom 2ten bis zum 5ten Lebensjahr in
Symbiose mit Iokaste ganz ohne Vatermord.
Oh Sigmund, oh Freud! Dann bricht sie herein,
die Katastrophe, in das schräge Idyll. Ein Stiefva-
ter bringt alles durcheinander und ändert die Be-
findlichkeiten des Jungen. Wie der sich Bewälti-
gungsstrategien für die neue Konstellation aus-
denkt und erprobt, liest sich ergreifend. Einfühl-
sam, aber auch kritisch, beschreibt der greise Er-
zähler, wie sein Held in eine Außenseiterposition
schlittert, aus der er nicht wieder herausfindet.
Ende der 40iger und in den 50iger besucht er die
Schule als Klassenbester und Liebling seiner Leh-
rerinnen bis zum bitteren Abitur. Eine frühe Erinnerung: als 4jähriger löst sich auf dem Weg in den
Luftschutzraum ein Rad vom Kinderwagen. Zum
Schluss entsagt er „weitschweifigen Wälzern".
Die letzten Worte lauten: „Das Leben ist kurz,
also fass dich kurz. Von Europa aus wirkt die Welt
heute oft wie ein Schlachthaus, von der Welt aus
wirkt unser Land oft wie ein Narrenparadies."
(Seite 394) BoD Norderstedt, 2. Auflage 2018,
ISBN 978-3-7357-2472-4

Der Roman von Fritz : Satire mit viel Witz

Kampf- und Kinderspiele
Humor und Komik, Witz und Lächerliches

Nicht alles, was aus der Ernsthaft befreit, ist Humor.

Auch das Lachen über Flüsterwitze ist zu flüstern.

Aphorismen sind die Schottenwitze
unter den Essays und Satiren.

Der Aphoristiker opfert einen Witz nur einer Sache,
die er dem Witz an der Sache opfern kann.

Wer auf ihren unfeinen Hintergründen besteht,
ist oft nur für die feineren Gesellschaftsspiele
zu ungeschickt.

Heute sind mehr Leute engagiert,
als es Rollen zu spielen gibt.

Die Hauptsache ist für Idealisten nur eine Sache
des Hauptes, das die Hauptrolle spielt;
Materialisten kommen zur Nebensache
und Fromme zur Überhauptsache.

Wo spielt sich mehr ab, zwischen deinen Händen
und Füßen oder zwischen deinen Ohren?

Gesellschaft heißt : Jeder tut so, als spielte er nur,
seine Rolle zu spielen.

Mancher überspielt seine Selbstsicherheit
durch konformistische Selbstzweifel.

Panem et Circenses?
Künstler wollen Brot für ihre Spiele.

Wer mitspielt, kann verlieren; wer nicht mitspielt,
will gewonnen haben.

Herren haben sich noch nie totgelacht.
Knechte hatten zu wenig Witz.

Hegels Idee war ein trockener Witz
auf frühromantischen Witz.

Witz ist die Fähigkeit, Anpassung in der Aufleh-
nung und Aufstand im Gehorsam sehen zu lassen.

Viele Kinder haben Weisheit,
Erwachsene Wissen(schaft) und Alte Witz.

Fürchtegottlieb. Der Ewige hat Humor, Er spottet
aller Spötter und jeder Beschreibung durch Wesen,
die Er in der Bibel eingehend beschrieb.

Schuldlos schuldig wird unser Wille tragikomisch.

Feste in Festungen feiern. Der Leib kann nicht so,
wie die Seele will; der Geist kann nicht so, wie der
Körper will : Was ist komischer?

Über Weltverbesserer wird gelacht,
warum nicht über Umweltverbesserer?

Vom Haben zum Lachen ist es nur ein Schritt.

Mancher will dich im Ernst totlachen.

Kann ein Bild von dem, was zum Weinen ist,
selber guten Gewissens zum Lachen sein?

Sturmvögel lachen über Gipfelstürmer.

Lächerlichkeit tötet. Leichen lachen lustig weiter.

Lachen ist, wenn man trotzdem Tränen vergießt

Demokrit dachte und lachte Tränen,
Heraklit meinte und weinte Tränen,
Platon trante oft lachhaft,
und *Kant* lachte sich gesund.

E-Kunst verlacht Leute,
die U-Kunst zum Lachen bringt.

Ein moderner Christ ist lieber ein komischer
Heiliger als ein humorloser Sünder.

Tragik stellt sich nur noch komisch dar
und das Possenspiel als Ernst des Lebens.

Hasst du nur Witz, den du nicht hast?

Irdisches wirkt vom Himmel aus noch viel
komischer als Himmlisches von hier unten aus.

Nichts melancholischer als Clowns
und nichts komischer als Trauerklöße.

Komisch nur, dass es so viele Geisteskrankheiten
in sportlichen Körpern wie gesunden Menschenverstand von Genies in kränklichen Leibern gibt!

Weisheit ist der Witz, Wissen als Aberglaube
schmackhaft zu machen.

Der Kopf hat den Witz, den er nicht macht,
sein Gegner macht den Witz, der er ist.

Sind Komiker & Comedians ernsthaft lebenslustig?

Manche Langeweile besteht aus
hundert lustigen Miszellen.

Gram über nichts ist oft größer als Spaß an allem.

Wer ernste Dinge nicht mit Witz vorträgt,
wird leicht ausgelacht.

Wer über Witz spottet, hat auch Humor.

Männer haben kaum noch Vaterwitz.

Humor hast du, und Humus wirst du.

Rezeption nach Rezept. Komischer als Witzbücher
sind wissenschaftliche Werke darüber.

Kraus machte Witze über Freuds Analyse seines
Witzes. Freud analysierte den Witz von Kraus
über Psychoanalyse.

Kunst bringt mehr Komik als Kosmetik
in den Kosmos.

Komisch wirkt Starrsinn vorm Lebendigen,
aber auch zu viel Flexibilität vorm Charakter.

Humor haben nur pedantische Griesgrame.

Humor haben nur Sauertöpfe,
ernst machen nur Clowns.

Am lautesten lachen stets die Lächerlichsten.

Der erste und der letzte Anhänger einer Theorie
werden ausgelacht (also hilfreich unterschätzt).

Ist jämmerlich, wer nicht jammert, erbärmlich, wer
sich nicht erbarmt, und lächerlich, wer nicht lacht?

Man ist nun gewissenhaft und ernsthaft lebenslustig.

Wichtigtuer sind wichtig, für unsere Belustigung.

Mordsspaß ist ein Freudscher Verhasser.

Auch die Heiterkeit der Kunst
will nicht zu ernst genommen sein.

Muße macht Mühe, die Freude macht;
Freizeit macht Spaß, der (bl)öde macht.

Es kann Spaß machen, alles zu bekämpfen,
was Spaß macht.

Spaß ist jenes Lebensnotwendige,
das keiner brauchen sollte.

Verhält sich Spaß zu Ernst wie Ulk zu Ulcus?

Vergebliche Suche nach Wissen
gibt Weisheit oder Witz an der Ur-Sache.

Alle Dinge der Welt ähneln sich und einander,
sofern sie vom selben Gott sind. Ihre Ähnlichkeiten
zeigt nur der Menschenwitz.

Moderne Tragik wird immer komischer,
da die Folge eigener Dummheiten
wie ein blinder Schicksalsschlag wirkt.

Heute (aner)kennt man nur noch komische
Heilige, seit nur noch Komiker uns heilig sind.

Jeder Versschmied muss sich entscheiden:
Lyrik oder Limerick! Scherzgedichte sind
die Poesie des prosaischen Menschen.

Wann wird das Verlachen des eigenen
Gelächters zum Ernst des Lebens?

Lustige Lust auf lästigen Verlust ist christlich
oder masochistisch.

Seit Shakespeare wirkt aller Ernst des Lebens
wie blutige Pausenclownerie zwischen
Geburts- und Todestheater.

Geistige Arbeit ist Spaß, den keiner versteht,
oder macht keinen Spaß, den jeder versteht.

Ich mach nur Spaß. Man versteht ja Spaß,
aber so, dass er mir vor Freude vergeht.

Das Schlimme ist nicht die *Spaßgesellschaft*, sondern dass uns das Spießgesellige mehr Spaß macht
als das Lesen und Schreiben ernsthafter Werke.

Ein Bombenerfolg von Mordskerlen ist im Schlacht-
fest ein Mords- und Heidenspaß.

Wo die Freude anfängt, hört der Spaß auf.

Kinder spielen den Ernst des künftigen
Lebens, Große spielen den Ernst des
gestrigen Lebens nach und nehmen
die Spielräume von vorgestern todernst.

Witze nehmen uns ernster als wir uns selbst.

Widerlege ernsthaft Dinge, die niemand
je im Ernst behaupten würde, und treibe sie ins
Aberwitzige, indem du es auf mögliche Ursachen
und Folgen zurückführst.

Texte, die ernst zu nehmen sind,
parodieren deshalb nicht ihre Parodien.

Geht der Lehrer in Pension,
fängt der Ernst des Lebens an wie für jeden,
der von der Schule abgeht.

Wer ernst macht, braucht Mut und Gewissen;
wer spielen will, hat Kunst und Wissenschaft.

Am lächerlichen Aufzug ist der Irrtum so wenig zu
erkennen wie die Wahrheit am ernsten Gesicht.

Literaturwissenschaftler wollen im Ernst Werke
durchschauen, die die Welt gar nicht durchschauen,
sondern mit ihnen spielen wollen.

Wer sich nicht ernstnimmt, wird nicht erstgenom-
men, doch ausgelacht wird, wer sich nie auslacht.

Um den Witz bei der Sache zu finden, muss man
sie ernst genug nehmen, und wer sich lustig macht,
hat Lust, ernstgenommen zu werden.

Pop oder Volk? U-Kunst nimmt sich ernst,
E-Kunst unterhält.

Was die Glieder der Gemeinschaft verbindet, ist ein
Witz, und ernst zu nehmen, was sie witzlos trennt.

Der leibliche Vater bildet meist den lachenden
oder ausgelachten Dritten im Bunde von Weib
und Kind wie der himmlische Vater im Bunde
von Erdensohn und Mutter Natur.

Diktatoren diktieren : "Es darf gelacht werden!"
– Aber nicht darüber.

Mancher liebt und lacht und weint sogar nur,
weil das gesund sein soll.

Der eine lacht Tränen, der andere weint vor
Glück, doch das Auge sieht nicht gegen den
Strom der Tränen an.

Mitmenschen gibt es, damit jeder weiß,
ob er Tränen lachen oder weinen soll.

Früh krümmt sich, was ein Weltraum werden will,
vor Lachen.

Man lacht über den Ungewitzten,
der ein guter Witz ist und keinen macht.

Wenn das Unbewusste zu scherzen beliebt, muss
das Bewusstsein nicht witzlos oder ungewitzt sein.

Ein Lob mindert die Güte, ein Witz die Bosheit.

Die Tragiker von heute wirken
wie die Humoristen von morgen.

Humorlose Menschen werden zur Strafe
selber komische Figuren.

Philosophie ist auch als *Philognomie* möglich,
als Liebe zum Witz bei der (Ur-)Sache.

Der Witz der frühromantischen Ironisten Schlegel
und Novalis hat einen unterschwelligen Bezug zur
logischen Grundrelation der „Ähnlichkeitserinne-
rung", die der Positivist Carnap 1928 zum Funda-
ment seiner Konstitutionstheorie machte in
„Der logische Aufbau der Welt".

Was Gott und die Welt und den Menschen
verbindet, ist kein Begriff, sondern vielleicht
ein Witz bei der Ur-Sache?

Im Witz fällt ein Individuum unter einen Begriff,
dem es widerspricht, indem es einen anderen Begriff
sprengt, dem es entspricht.

Hegel begriff alle geistreichen Witze *Schlegels*
als gewitzte Bruchstücke eines Universalwitzes,
den *Adorno* witzlos fand.

Kann ein Begriff – oder auch Witz – nur
Gemeinsamkeiten zwischen Dingen entdecken,
die demselben Urheber oder Ursprung entstammen?

Hegel erzählte den Universalwitz aller
aphoristischen Witze, Schlegel zählte im witzigen
Satz die Einheit der Gegensätze.

Im Ich wie im Witz hängt zusammen,
was im All nicht zusammengehört.

Moderne Kunst wurde ein Witz,
der nicht erst beim zweiten Mal nicht zündet.

Philosophische Grundbibliothek

Chuang-tsi: „Das wahre Buch vom südlichen Blütenland"

L. Annaeus Seneca : „Briefe an Lucilius"

Michel de Montaigne : „Essais"

Imm. Kant : „Grundlegung zur Metaphysik der Sitten"

S. Maimon : „Versuch einer neuen Logik ... " (1794)

G. Fr. Hegel : „Phänomenologie des Geistes" / „Ästhetik"

Arthur Schopenhauer : „Aphorismen zur Lebensweisheit"

Friedrich Nietzsche : „Menschliches, Allzumenschliches"

Nicolai Hartmann : „Das Problem des geistigen Seins"

Hedwig Conrad-Martius : „Der Selbstaufbau der Natur"

Th. Adorno : „Minima moralia" / „Ästhetische Theorie"

Jean-Paul Sartre : „Der Idiot der Familie", „Situationen"

Hermann Schmitz : „Der unerschöpfliche Gegenstand" /
„Der Weg der europäischen Philosophie"

I.M. Bochenski / A. Menne: „Grundriss der Logistik"

Hans Blumenberg : „Wirklichkeiten, in denen wir leben",
„Die Vollzähligkeit der Sterne"

Weiterführendes vom Autor

Tiefenpsychologie
der Philosophiegeschichte (Drei Bände) :

„Die Liebhaber der Sophie – *Philosophie-geschichte in Philosophengeschichten*"

„Wenn die Seele auf den Geist geht – *Chronik der unbewussten Weltbilder*"

„Martin Heidegger – Versuch
einer Psychoanalyse seines *Seyns*"

Proletarismus (Ein Band) :

„Mann und Frau machen sich frei –
voreinander und voneinander :
Geschlechterkrieg oder Klassenkampf?"

Fragmente (Zwei Bände Reflexionen) :

„Aufzeichnungen
aus dem Schwarzen Loch"

„Aufzeichnungen aus dem Mauseloch"

Literatur
:

„An sein Innerstes erinnert sich keiner –
Nicht ganz dichte Gedichte"

„Nur in der Fremde fühle ich Fernweh –
Idyllischer Roman"

„Wer fällt, gefällt – Aus dem schönen
Leben des Gebrauchsdenkers Ingo K."

„Angeln beruhigt –
weder Fische noch Würmer"
(Erzählungen und Virtuosenstücke)

„Alle gleich, jeder anders anders
als jeder andere" (Spiele, Dialoge)

INHALT